시험의 나라, 조선

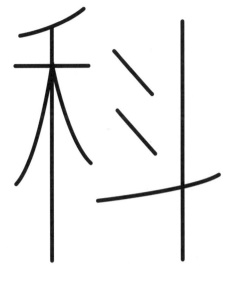

9 한국국학진흥원 교양학술 총서
고전에서 오늘의 답을 찾다

시험의 나라,
조선

한국국학진흥원 연구사업팀 기획 | **김경용** 지음

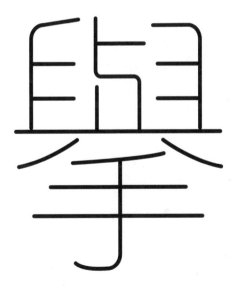

은행나무

茶院春晓莴懷戲

甜香有傳意擬窓

者处次有開卷書圖茶

威有展卷下筆者

處有相危湯诺影

有伴撼圉膝者燈

煙紫煙人聲撥

萬妙可辇天造

此不覺出辙

竹芦

4

봄날 새벽의 과거 시험장 앞,

수많은 사람들이 실력을 겨루려는 열의가 무르익었네.

붓을 멈추고 골똘히 생각하는 사람이 있고,

책을 펴서 찬찬히 살펴보는 사람이 있는가 하면,

종이를 펼쳐놓고 붓을 놀리는 사람도 있다.

사람들이 상봉하여 함께 이야기를 나누기도 하고,

봇짐에 기대어 곤히 자는 사람도 있는데,

등불은 밝게 빛나고,

사람들 목소리로 시끌벅적 떠들썩하다.

그 광경을 그려낸 솜씨가 빼어나

마치 실제 모습 그대로인 듯하니,

반평생 물리도록 이런 고단함을 겪은 자가

이 그림을 본다면,

저도 모르게 마음 깊은 곳이 아릴 것이다.

- 표암豹菴 강세황姜世晃

능력! 뭔가 잘 해내는 힘을 의미한다.

어떤 일을 해내지 못했을 때 우리는 "능력은 있으나 실패했다"고 말하지 않는다. "그 일을 해내기에는 능력이 미치지 못했다"고 말한다. 따라서 감춰진(또는 아직 드러나지 않은) 능력이라는 말은 성립하지 않는다. 자타가 공인할 수 있도록 드러나고 입증되어야 능력이라 할 수 있다.

능력을 갖추려면 만만치 않은 과정을 거쳐야 한다. 돈이 능력을 갖추는 데에 도움을 줄 수 있음을 부정할 사람은 없다. 그렇지만 재정 지원으로써 능력을 완비할 수 있다고 보는 것은 타당하지 않다. 돈으로든 무엇으로든 도움을 받는다고 해도, 능력은 만만치 않은 과정을 생략하고 거저 얻을 수 있는 것이 아니기 때문이다. 바꿔 말하면, 재정 지원이 박약한데도 능력을 갖춘 사례를 얼마든지 찾을 수 있기도 하고, 반대로 재정 지원이 풍부하다고 해서 없던 능력이 그냥 만들어질 수도 없다는 것이다.

'능력'과 관련해서는 우리말의 독특한 표현에 주목해야 한다. 예컨대 "너 피아노 칠 줄 아니?"라는 질문은 "피아노 건반을 두들기면 도·레·미·파·솔·라·시 소리가 나는 것을 아니?" 정도의 질문이 아니다. "피아노 건반 위에 양손을 놀려서 듣기 좋은 연주를 할 능력이 있니?"라고 묻는 것이다. 뭔가를 해내는 능력이란 사태를 이해하는 힘만으로는 달성할 수 없다. 피아노 건반을 두들기면 소리가 나고, '미'와 '파', '시'와 '도' 사이는 반음이라는 것을 이해한다고 해서 듣기 좋은 연주를 할 수 있는 것은 아니기 때문이다.

그러나 사태를 이해하는 힘(지知)은 능력을 갖추는 데에 있어서 출발점이라 할 수 있다. 무식하면ignorant 아무것도 이루어 낼 수 없기 때문이다. 그런데 무지에서 벗어나려면, 무엇을 배워야 하고 어떻게 해야 잘 배울 수 있는지 꾸준히 잘 보고 들으려고 노력해야 하는데, 무엇이 배울 만한 것인지 분간하는 일이 매우 중요하다. 이런 과제에는 이해력이 아니라 이해력 이전에 감수성(인仁)sensitivity이 결정적으로 작용한다. 보고 들을 만한 것을 분간하는 센서sensor에 하자가 있으면, 눈앞과 귓전에 온갖 배울 만한 것들이 즐비해도 보이지 않고 들리지 않는다. 그렇다면 이런 감수성을 돈으로 살 수 있을까?

　나의 부족함을 절실히 깨달아 겸손하게 배우려고 애쓰는데, 배울 만한 것을 제대로 분간하여 부지런히 보고 들어서 역량을 구비했고, 이제 실행하는 일만 남은 상태라고 가정해 보자. 뭔가를 해낼 수 있는 가능성은 갖추었으나 아직 실행하지는 않고 도사리고 있는 그런 상태라고 해보자.

　용기(용勇)가 없다면 그 무엇인가를 감행할 수 있을까? 이런 용기도 돈으로 살 수 있을까? 『중용』제10장 용기와 관련된 구절을 살펴보자. 할아버지 공자께서 일러준 말씀이라고 손자 자사子思가 전한 것이다. "나라가 무도無道해져서 자신이 죽음에 이르는 사태가 벌어지더라도 지조만 변치 않는다면 참으로 강직한 것이 아니겠느냐!國無道 至死不變 强哉矯!" 죽음을 불사하는 감행의 용기가 있어야만, 도사리고 있는 그것(언젠가는 드러날 수도 있는 역량)이 능력으로 발휘되는 경우도 있을 것이다. 반대로 제아무리 하찮게 여겨질 만한 능력이라도, 갖추었을 것으로 기대되는 역량이 사회 현실에 발현되어 능력으로 드러나지 않는다면, 그런 역량을 갖추었는지 여부를 확인할 수 없다.

능력을 갖추려면 이해력[知]·감수성[仁]·용기[勇]를 함께 증진시키는 몹시 어려운 과정을 견뎌야만 한다. 이 셋은 방편적으로 구분한 것일 뿐 분리되지 않고 나란히 함께 발달하는 것이라고 생각한다. 다른 사람으로부터나 다른 무엇으로부터든 도움을 받을 수 있으나, 궁극적으로 당사자가 고심하고 수고하며 정성을 다하지 않는다면 능력은 만들어질 수 없다.

숨어 있어 드러나지 않는다면 그것은 능력이라고 할 수 없고, 당사자가 직접 발휘할 수 있는 것이 아니라면 자신의 능력이라고 할 수 없다. "백작의 아들이라면 백작 노릇 할 역량을 가지고 태어났을 것이다!" 이렇게 믿는 귀족제도 선망자들의 황당한 능력주의(이런 사고방식은 사실 능력주의가 아니라 혈통주의며, 최악의 혈통주의 현상이 바로 인종차별이다)에 휘둘리지 않을, 명명백백한 능력주의 역사를 1,000년 넘게 이어온 이 땅에서 금수저·흙수저, 아빠 찬스·엄마 찬스 타령을 하고 '헬조선'이라고 (왜 '헬신라'나 '헬고려'가 아니고, 하필이면 '헬조선'이라고 하는지 아리송하다) 푸념을 내뱉는 몰지각한 군상을 목격하고 있는 것은 참으로 안타까운 일이 아닐 수 없다.

이 모두 우리 조상의 삶, 조선의 역사, 그들의 생활

사·제도사를 제대로 알지 못하는 것으로부터 비롯된 사태라고 생각한다. 역사에 대한 오해나 무지는 대한민국의 뿌리라고 할 수 있는 조선에 대한 멸시, 즉 자기멸시의 언어로까지 비화되더라도 그에 대해 자각할 수 없도록 한다. "역사를 잊은 민족에게는 미래가 없다!"고 말하는데, 조선에 대한 정확한 앎을 전제로 하지 않는다면 이런 구호는 허망한 외침에 지나지 않다.

잊지 말아야 할 역사에 대한 바른 이해! 이런 과제를 앞에 두고 어느 누구라도 다음과 같은 반성적 검토를 할 수 있어야 한다. "조선의 역사에 대해 보고 들은 나의 견문見聞이 과연 정확한 것인가? 혹시 거기에 오류가 있는데도 무심히 간과하고 있는 것은 아닌가?" 다른 말로 하면, "정확히 보고 듣기는 했는데, 그 대상이 가짜였던 것은 아닌가? 진짜를 보고 듣기는 했는데, 내가 잘못 보고 들은 바는 없는가?" 이런 반성적 검토를 지속해야만 역사에 대한 오해나 무지를 바로잡을 수 있다.

역사에 대한 오해나 무지만큼 무서운 것은 없다.

왕권조차 절대권력이 아닌 나라! 통치자가 관료[삼정승, 6조 판서와 홍문관·사간원·사헌부(삼사三司)의 팩팩한 청년 관료]의 간섭과 반대를 무릅쓰기 참으로 어려운 나라!

그렇게 치세했다는 사실을 적나라하게 모조리 적어서 구체적인 문건으로 만들어 후손에게 남겨 놓은 나라! 『조선왕조실록』·『승정원일기』·『일성록』등 관찬 사료를 비롯해 헤아릴 수 없이 많은 선비들이 남긴 문집을 보면, 부끄러움마저 감추지 않고 현대의 우리에게 알려 주고 있으며, 그 부끄러운 실태를 어떻게 바로잡았는지도 기록해 놓았다. 『조선왕조실록』의 경우, 객관적 사실을 있는 그대로 남기기 위해 왕이 서거逝去한 후 작성한 것이고, 사관史官이 왕의 눈치를 보지 않고 사초史草를 기록하도록 왕은 실록 기사를 열람할 수 없었다. 이런 엄연한 사실을 담고 있는 우리 역사를 제대로 알아야 하는데, 왜곡된 정보가 많아 우리의 눈과 귀를 어지럽히고 있는 현실이 원망스럽다.

우리는 알게 모르게 많은 사람들로부터 본本뜨기를 하며 살아간다. 닮을 만한 것을 흉내 내는 행위의 연속인 것이다. 그 갖가지 본本에는 수십 년 또는 수백 년 묵은 것에서부터 수천 년 묵은 것까지, 헤아릴 수 없는 세월 동안 겹겹이 퇴적된 시간적 단층이 함축되어 있다. 아비·어미에서 자식으로, 또 그 자식으로… 이렇게 면면히 이어져 내려온 것들이다. '나'는 그 엄연한 역사적 조건 속에서 무수한 본本에 둘러싸여 지知·인仁·용勇을 조성해 나아가는 형성태Becoming다. 결과를 알 수 없고 점치기도 힘든 형성태! 즉 고정된 존재태Being가 아니다. 죽을 때까지 멈추지 않는 흉내 내기, 본本뜨기가 그걸 입증해 준다. 이렇게 쭉 이어지는 삶 속에서, 나 또한 '너'의 본本보기가 된다. 교란되지 않은 본보기와 본뜨기를 통해서 우리는 무지로부터 벗어나게 된다고 생각한다.

우리의 역사 인식도 이렇게 조성된 것일 텐데, 20세기 100년을 거치는 동안 그 과정이 심각하게 교란되어 버렸고, 21세기에 들어선 현재도 이 관성은 여전하다고 생각한다. 심각한 교란 현상이기는 하지만 일시적인 교란에 그치고, 자기 멸시로까지 번지게 되는 근원인 조선에 대한 오해와 무지를 조선이 남긴 기록으로써 해소해 나아갈 수 있기를 기원한다.

개인이든 사회든 헤아리기 어려운 오랜 역사가 현재 그 개인과 사회의 역량을 조성하고 있는 것이다. 조선조 사회 사람들의 삶과 제도를 정확히 파악하는 것은 현재 한국 사회의 진면목을 바르게 드러내 줄 거울을 마련하는 일이 된다. 또한 앞으로 한국 사회가 나아가야 할 길을 밝힐 등대를 장만하는 일이 되기도 한다. 그러나 현재 우리 사회의 자화상을 온전하게 반영해 줄 거울과 미래 행로에 지침을 줄 등대를 마련하는 것은 매우 어려운 일이 되어 버렸다. 그것은 일제강점기에 날조·왜곡된 조선조 사회상이 현재 우리의 인식을 훼방 놓고 있기 때문이다. 일본의 어용학자들이 저들의 강점통치를 정당화하기 위해 조선조 사회를 졸렬한 것으로 규정지어 놓았는데, 그것을 그대로 답습하고 있는 상태에서 조선조의 과거제도·교육제도를 이해하려고 해서는 아니 될 것이다.

능력의 사회적 공인公認을 위한 공공시험! 대표적으로 국가고시, 그중에서도 행정고시·사법고시·외무고시·기술고시·의사국가시험·교원임용고시·수학능력시험! 이런 국가고시에 합격하면, 일반인은 가질 수 없는 자격을 가지고 특별한 권한을 행사하게 된다. 그 권한이 크면 클수록 해당 시험에 대한 부담감도 덩달아 커질 수밖에 없다. 그런데 그런 특권을 누리고 싶으면서도 시험에 대한 부담감이 없기를 바라는 것은 정당하지 않다. 시험이 어려울 수도 있고 비교적 쉬울 수도 있지만, 부담이 없는 시험이란 없다. 만약 그런 시험이 있다면 시험으로서의 자격이 없는 시험 내지는 엉터리 시험일 것이다.

"시험 없는 세상에서 살고 싶다!"는 소망은 무지에서 비롯된 뜬구름 같은 것이다. 부드러운 솜털같이 보이지만 그것은 솜털이 아니며 만질 수 없다. 오색영롱한 무지개가 저기 있는 것 같지만 거기에 다가설 수 없고 만질 수 없는 것과 같다. 그런 소망이 이루어질 수 있는 세상은 시험이 필요 없는 세상, 즉 선발제도를 굳이 마련하지 않아도 되는 세상이다. 그런 세상은 대한민국 국민이라면 가장 경멸할 만한 세상인데, 아빠 찬스·엄마 찬스에 따라 흙수저·금수저 어느 쪽 출생 성분을 갖느냐에 따라 인생이 결정되는 세상이다. 개척해 나아갈 나의 인생은 없으며, 미리 정해진 바꿀 수 없는 숙명inevitable fate, destiny만이 있을 뿐인 꽉 막힌 세상이다. 내가 아무리 노력하고 발버둥 쳐도 내 처지를 바꾸는 것이 불가능한 세상, 내가 태어나기도 전부터 그런 질서가 공고하게 자리 잡혀 있는 세상, 이런 세상에서 살고 싶은 대한민국 국민은 단 한 명도 없을 것이다. 1,000년이 넘는 유구한 국가고시제도의 역사를 이어온 나라 대한민국의 구성원으로서, 현대 우리들의 사고방식과 삶의 지향점 등에 막대한 영향력을 끼치고 있는 '시험의 나라, 조선!'에 대한 차분한 검토와 이해가 필요하다.

우리는 무엇을 본뜨고 있고, 또 어떤 본보기가 되고 있을까? 이 질문에 대한 반성적 검토의 계기를 이 글이 마련할 수 있다면 참 좋겠다. 우리가 지금 갖고 있는 생각을 주장할 만한 식견을 태어날 때부터 이미 갖추었을 리 없다는 사실을 부정할 수 있는 사람은 없을 것이다. 태어나서 보고 들은 견문에 따라 "나는 이렇게 생각한다"는 자기주장을 마련하게 된다. 그렇다면 끊임없이 점검해야 할 자기반성의 과제가 평생토록 우리에게 주어져 있다고 할 수 있다.

"혹시 나의 견문에 오류가 개입되어 있지는 않은가?"

이는 죽을 때까지 멈출 수 없는 필생의 과제다. 이런 자기반성의 과제로부터 자유로운 사람은 단 하나도 없을 것이라고 나는 단언한다.

나를 되돌아보는 이 엄중한 과제에 대해 조금이라도 소홀히 여기지 않기를 기원한다.

| **일러두기** |

이 책에서 주장하는 내용이나 주장의 근거를 일일이 확인하는 것은 일반 독자에게 번거로운 일이라고 생각해서 꼭 필요한 경우 이외에는 근거 제시를 미주로 처리했으며, 내용·주장의 근거를 확인하고 싶은 전문 연구자는 미주를 통해 내용·주장의 타당성 여부를 가릴 수 있도록 하였다.

차 례

책머리에   6

서론   **시험의 나라, 조선을 어찌 볼 것인가?** 19

과거의 종류에는 어떤 것들이 있었을까? 33

과거 시행의 구체적인 모습은 어땠을까? 41

과거에 응시하기 위해 얼마나 공부했을까? 89

과거 응시자들은 어떤 사람들이었을까? 127

논의 및 맺음말 **시험의 나라, 조선 덕분에!** 149

참고문헌   172

주   178

서론

시험의 나라,
조선을 어찌 볼 것인가?

시험의 나라, 조선! 지난날 조선 왕조뿐만 아니라 오늘날 대한민국도 시험의 나라임에 변함이 없다. 시험, 대표적으로 공직 임용자 선발을 위한 국가고시인 과거 科擧는 천 년이 넘는 긴 세월을 이어온 역사적 유산이다. 통상적으로 1894년 갑오경장 때에 과거제도가 폐지되었다고 말한다. 네이버 검색창에 '과거제도'라고만 입력해도 '과거제도 폐지'라는 자동 완성형 검색어가 뜰 정도로 과거제도 폐지는 당연한 것처럼 되어 있다. 그러나 과거제도는 우리 스스로 폐지한 적이 없다. 고시 과목에 큰 변화가 있기는 했으나(1894년 다양한 제도 개편을 단행할 때에 '과거제도 폐지'라는 용어를 사용한 적이 없고, 다만 "과거제도 변통"이라고 했다), 공직을 담임할 인물을 국가고시로 선발하는 제도는 지금도 엄연히 시행되고 있다. 이 역사적 유산을 우리가 어떻게 평가하느냐에 따라 대한민국의 현재와 미래가 향방을 달리 할 정도로 과거제도는 지난 시절 조선의 것이었다는 데에 그치지 않고 현재의 우리에게도 중요하다.

그런데 과거라는 역사적 유산에 대한 평가를 도모하기 이전에 우리가 분명히 알아야 할 사실이 있다. 대한민국만 과거제도의 그늘 아래 있는 것이 아니라는 점이

「문관전고소 급제증서」(이봉종, 1905) 국립중앙도서관 소장

다. 과거제도를 운영했던 한국·중국·베트남뿐 아니라, 오래전부터 도입한 것은 아니지만 거의 모든 나라에서 공직 임용자 선발을 위한 국가고시제도를 운영하고 있다. 영국의 식민지였던 인도에서는 1855년에, 영국 본토에서는 1870년에, 미국에서는 1883년에, 옆 나라 일본에서는 메이지 유신 이후에, 종래에 있어 본 적이 없는 전혀 새로운 제도로서 공직 임용자 선발을 위한 국가고시가 도입되었다. 여타의 서구열강에서는 언제 이런 제도가 도입되었는지 스스로 밝혀 놓지 않아서 그 시기를 정확히 알 수는 없지만, 대개 영국에서 비롯되어 다른 나라로 확산되었다고 알려져 있다.

즉 한국·중국·베트남 이외의 나라에서는 과거제도와 조금이라도 비슷한 제도가 없다가 19세기 후반에야 공직 임용자 선발을 위한 국가고시를 도입하기 시작했으며, 현재 이런 제도를 시행하지 않은 나라는 거의 없다고 봐도 과언이 아니다. 과거제도를 운영했던 중국이나 베트남 역시 공직 임용자 선발을 위한 국가고시를 폐지하지 않았으며, 우리가 갑오경장 때 단행한 것처럼 중국은 1905년에, 베트남은 1910년에 고시 과목을 대폭 변경하였다.

과거제도를 운영한 역사의 길고 짧은 차이가 있을 뿐, 제도의 정밀성이 서로 다를지라도 전 세계 거의 모든 나라에서 과거제도를 운영하고 있다. 이런 사실은 '시험지옥'이라는 언설과 정면으로 배치된다. '지옥' 같은 '시험'이 전 세계로 확산되었을 리 없기 때문이다.

'시험지옥'이라는 표현은 1963년 일본에서 출간된 『과거, 중국의 시험지옥』이라는 미야자키 이치사다宮崎市定(1901~1995)의 책 제목에 등장한 것으로, 어떤 계기인지는 모르겠으나 이런 표현이 항간에 유포된 것으로 보인다. 과거제도가 없었던 일본에서 나고 자란 미야자키가 과거제도의 진면목을 이 저서에 제대로 담았을 리가 없다. '시험지옥'이라는 표현 자체가 그 증거다. 과거제도를 운영한 적이 없던 메이지 유신 이전의 일본 사회가 오히려 '지옥'이나 다름없는 사회였는데도 그가 '지옥'인지 몰랐다는 것이 그 사실을 방증한다. 유교 문명권의 세 나라에만 있었던 제도가 전 세계로 확산되었다는 사실은, 시험제도가 인류를 괴롭히고 있는 것이 아니라 인류가 겪을 수 있는 부당한 억울함을 해소하는 데에 기여하는 바가 있다는 점을 말해 주고 있다.

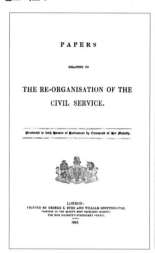

1855년 영국의 공무원 제도 개혁에 관한 문건

이 문건은 1855년 영국의 공무원 임용제도에 혁명적인 변화를 가져온 개혁안 최종본이다. ("왕명에 의해 양원 국회(귀족원 House of Lords 및 서민원House of Commoners)에 제출되었다Presented to both Houses of Parliament by command of Her Majesty"라고 쓰여 있다). 여기에는 이 개혁안에 대한 유력인사 40명의 평론과 1853년에 작성을 완료하여 1854년에 출간한 개혁안 보고서("Papers Relating to the Re-Organisation of the Civil Service") 원본이 들어 있다. 유력인사 40명 중에는 『자유론』과 『공리주의』로 유명한 존 스튜어트 밀J. S. Mill(1806~1873)도 포함되어 있었다. 전례 없

는 공무원 선발 제도 혁신안에 대한 그의 평론 첫머리를 보면
다음과 같다. 그는 과거제도를 고스란히 본뜬 새로운 제도에
대해 **역사적인 신기원**을 이룰 것이라고 했다.

> 정부에서 일할 공직자를 경쟁시험으로 선발하도록 하는
> 이 개혁안은 **역사적인 신기원**을 이룰 위대한 공적公的 개선
> 의 채택이라고 나는 느낀다. (이런 제도를 출범시킴으로써) 공
> 공행정과 영국 국민 양쪽 모두의 품격을 고양시킬 수 있
> 는 효용성은 아무리 강조해도 지나치지 않다.The Proposal
> to select candidates for the Civil Service of Government by a competitive
> examination appears to me to be one of those great public improvements
> the adoption of which would form **an era in history**. The effects which
> it is calculated to produce in raising the character both of the public
> administration and of the people can scarcely be over-estimated.

그런데 1855년의 이 개혁안, 즉 공개경쟁시험을 통한 공무
원 임용제도의 채택은 1588년 과거제도가 영국에 최초로 소
개된 지 267년이 지나서야 이루어진 일이며(참고 자료 2), 그나
마 영국 본토에서는 바로 시행하지 못하고 식민지인 영국령
인도에서 적용하기 시작했다. 영국 본토에 적용된 것은 15년
뒤인 1870년부터였다.

조선시대 우리 조상들은 과거제도 출범 시기를 788년 (신라 원성왕 4)으로 파악하고 있었다. 흔히 현대 우리가 알고 있는 것처럼, 고려 광종조 때 쌍기의 건의 운운하는 데서부터 비롯되었다고 생각지 않았던 것이다. 고려로 통일된 후 쌍기의 건의가 받아들여졌다면, 그때 이미 한반도 인민 사이에 그럴 만한 조건이 조성되어 있었기 때문에 받아들여진 것이라고 봐야 한다. 조선 왕조 시대의 관찬 사료인 『춘관통고春官通考』(권72 「嘉禮·科制」 諸科枘始總目)나 『증보문헌비고增補文獻備考』(권184 「選擧考1」 科制1)를 보면, 『삼국사기』의 기사를[1] 근거로 "신라 원성왕 4년 봄에 경전 독해 능력을 상·중·하로 가려서 인재를 등용하는 제도를 출범시켰는데, 이때 이르러 무예로써 사람을 뽑던 방식을 고친 것"을 과거제도의 효시로 삼았다.

대한민국이 1,230년이 넘는 장구한 세월 동안 과거제도를 이어가고 있는 데 비해, 중국과 베트남을 제외한 대부분의 나라는 과거제도와 같은 국가고시제도를 운영한 기간이 길어야 170년도 채 되지 않는다는 사실에 대한 지식도 없이 과거제도라는 우리의 역사적 유산을 포폄하려 드는 것은 섣부르고 무모한 짓이다.

유교문명권 사회의 겉모습뿐만 아니라 역사, 사상, 정치·
행정 제도, 학문 등에 대한 비교적 학술적이고 상세한 내
용을 담고 있는 선구적인 저술은 곤잘레스 멘도사_{Gonzalez}
_{Mendoça}(1545~1618)의 『중화제국지』(1585)라고 할 수 있다. 이
책은 "중국에 대한 종합적 역사를 정리해 오라"는 교황 그레고
리 13세_{Pope Gregory XIII}(재위 1572~1585)의 명에 따라 저술한 것
이다.[2] 특히, 이 저서의 제1부 제3권에는 중국의 행정·재정 제
도, 중앙·지방 행정조직, 사법·감찰 제도, 학교·학위 제도, 관
리 임용제도, 서책 및 인쇄술, 축제, 해상·하천 운송 체계 등
24개 장章에 걸쳐 상세히 소개하고 있다.[3] 당시 중화제국은 하
나의 나라가 아니라 **유교 문명권 여러 나라**를 의미했다.

이 책은 잇달아 유럽 각국의 언어로 번역되어(스페인어 개정
판, 영어판, 불어판, 이탈리아어판, 독어판, 라틴어판, 화란어판 등) 보급
되었으며 당대 유럽에서 베스트셀러가 되었다.[4] 서구 지식인
들이 특히 높은 관심을 보인 것은, 과거제도를 운영하는 중국
에서는 관직이 세습될 수 없으며 학식의 탁월성에 따라 공직
에 임용된다는 것, 그러므로 세습 귀족이 있을 수 없다는 사실
이었다.[5] **과거제도**를 통한 관리 임용에 주목한 것이다.

이 책은 1853년 영국에서 공무원 제도 개혁에 대한 논의가
뜨거웠을 때, 1588년의 판형 그대로 다시 출판되었다.

THE HISTORIE OF THE

GREAT AND MIGHTIE KINGDOME

OF CHINA, AND THE SITUATION

THEREOF:

Togither with the great riches, huge
citties, politike gouernement, and
rare inuentions in the same.

Translated out of Spanish by *R. Parke.*

LONDON:
Printed by *I. Wolfe* for *Edward White,*
and are to be sold at the little North
*doore of Paules, at the signe
of the Gun.*
1588.

「중화제국지」 초판(1585)(위)과 영역판(1588)(아래) 표지

어느 사회에서든 모든 사람의 사회적 권한이 동등할 수는 없으며, 차등적으로 갖게 되는 권한의 크기에 따라 행사할 수 있는 권한의 범위가 달라진다. 문제는 가문·혈통이나 종교·민족 등 개인의 출생 배경이 아니라 당사자의 후천적 노력으로 형성한 능력에 따라 사회적 권한 행사의 범위를 정하는 **합리적 차등**을 추구할 수 있느냐에 있다. 개인이 갖추고 있고 실제로 발휘하는 능력과 사회적 업적이 남다르기에 차등적 권한을 행사하는 것이 마땅하다는 점을 공공적으로 인정할 수 있도록 확인시켜 주는 사회적 공인기제가 존재하고 있어야 합리적 차등주의를 실제로 구현할 수 있다. 조선조의 과거제도가 바로 그런 사회적 공인기제였다.

아비의 재산이나 권력 또는 가문의 위세에 의해서가 아니라, 자신의 교육적 성취와 사회적으로 발현할 수 있는 능력·업적에 의해 합리적으로 계층이 구분되어 서로 협력하며 공존하는 사회! 공공시험제도는 그런 사회의 성립과 지속에 필수적인 전제 조건이다.

능력의 추구, 그 능력의 사회적 공인, 그에 따른 사회적 역할의 담임, 차등적 권한의 부여, 차등적 권한의 상호 인정 등의 원리를 형성하고 추구하고 보편적으로 정착시킨 사회를 마련하기 위해 인류가 기울인 노력은 결국 합리적이고 공정하고 타당한 시험제도의 성립을 매개로 한 것이다. 조선의 과거제도는 바로 그 전형적인 범례(전범典範)라고 할 수 있다.

《시험의 나라, 조선!》이라는 이 책의 제목은 조선에 대한 조롱과 폄하를 염두에 둔 것이 아니라, '자랑스러운 나라!'를 표방한 것이다.

과거의 종류에는
어떤 것들이 있었을까?

조선시대에 대표적인 공직자는 문관文官이라고 할 수 있다. 이외에 무관·역관[한학·몽학·왜학·여진학(청학)]·의관·음양관陰陽官(천문학·지리학·명과학命課學)·율관律官·산관算官·화원畵員·악공樂工·악생樂生 등 다양한 공직자가 있었으며, 정기적으로 또는 임시로 각각의 공직자를 선발하는 시험이 있었다. 문관을 뽑는 문과뿐만 아니라, 무관을 뽑는 무과나 역관·의관·음양관·율관 등을 뽑는 잡과雜科도 매우 중요한 공직 임용자 선발을 위한 국가고시였다. 산관·화원·악공·악생 등은 취재取才라는 방식으로 필요할 때마다 선발하였는데 고시의 시행 빈도가 과거보다 더 높았으며, 무관·역관·음양관·율관 등에 대한 취재도 있었다.

현대의 정부 조직과 대강 비교해 본다면, 무과는 국방부 및 경찰청, 역과는 외교부, 의과는 보건복지부·질병관리청 및 국립의료원·국립대학병원·보건소, 천문학 음양과는 과학기술부 및 기상청, 지리학 음양과는 국토교통부, 명과학 음양과는 통계청, 율과는 법원과 법무부 및 검찰청, 산관 취재는 기획재정부 및 국세청, 화원·악공·악생 취재는 문화체육관광부와 관련이 있다. 이러한 정부 조직을 지휘하는 수장首長은 문과 급제자 출신이었다. 이를테면, 국방부장관(병조판서)이든 법무부장관·검찰청장(형조판서)이든 보건복지부장관(예조판서)이든 기획재정부장관·경제부총리(호조판서)든 무과나 율과·의과 급제 또는 산학 취재 출신이 아니라 문과 급제 출신이었다. 문민 통치의 전형을 이미 조선시대에 구현하고 있었던 것이다. 군대·경찰 병력 및 무관이 문관의 지휘를 받는 사회가 있었다는 사실은 서양 사학자들이 몹시 의아해하는 점이다.

이외에 공직 임용자 선발을 위한 국가고시는 아니지만, 상당한 인구 규모의 유생이 대거 응시했던 과거로서 생원·진사시가 있었다. 문과를 '대과大科'라고 별칭했던 데 대비해서 '소과小科'라고도 한다. 소과는 일종의

'국가가 수여하는 학위' 시험이라고 볼 수 있는데,[*] 이 시험에 합격한 유생은 성균관에서 공부할 자격을 얻었으며, 천거를 받아 공직에 나아갈 수도 있었다.

시행 시기별로 과거를 구분하면 정기시험과 임시시험이 있었는데, 3년마다(子·午·卯·酉年) 치러지는 식년시式年試와 10년마다(丙年) 치러지는 중시대거 별시重試對擧 別試[문신중시(일종의 승진시험)에 대응해서 시행한 별시]가 정기시험이고, 그 외에 증광시·별시·정시·알성시 등은 특별히 시행되는 임시시험이다. 임시시험은 대개 경사스러운 나라의 일을 기리기 위해 시행된 경우가 대부분이다. 정기시험이라고 해도 부득이한 사정으로 인해 시행 시기가 미루어진 경우가 있었다.

평가 방식에 따라 구분하면, 필기시험만 있던 것이 아

---

[*] 생원·진사시가 문과의 예비시험이라는 통설은 사실과 다르며, 원칙적으로 관직자 선발을 위한 시험이 아니었다. 오히려 생원·진사 초시에 나아가려면 거쳐야 하는 예비시험이 있었다. 조흘강照訖講이 그것인데, 조선 초기에는 없었다가 명종조에 제도가 시행되어 현종조 초기에 정착된 제도다. 이 글에서는 조흘강에 대한 논의를 생략하였다. 조흘강에 대한 자세한 논의는 다음 글을 참조한다.
김경용(2014), 「조선조의 과거제도와 교육제도」, 『대동한문학』 40집, 대동한문학회.
김경용(2015), 「조선조 과거제도 시행과정의 탐색」, 『교육사학연구』 25집 1호.

니라 구술시험·실기시험도 있었다. 예컨대 필기시험만 치렀다고 여기기 쉬운 문과의 경우도 3년마다 정기적으로 치르는 과거(식년시) 2차 시험(회시 또는 복시라고 한다)의 첫 번째 관문인 초장初場에서는 4서(『논어』·『맹자』·『대학』·『중용』)와 3경(『주역』·『시경』·『서경』·『예기』·『춘추』 가운데 택3)의 7개 경전에 대한 구술시험이 시행되었다. 무예 실기시험만 치렀을 것 같은 무과도 2차 시험(회시)에서는 각종 병법서(무경 7서)뿐 아니라 4서·5경 중 한 책에 대한 구술시험을 치러야 했다.

과거제도의 발상지라고 할 수 있는 중국에서는 구술시험을 시행할 수 없었다. 한자음이 통일되지 않았으므로(영토가 워낙 넓은 탓에 동일한 한자에 대해 지역별로 서로 다르게 발음하는 것은 지금도 마찬가지다) 유교경전이든 병법서든 책을 제대로 읽고 풀이할 수 있는지 평가하는 것이 불가능했기 때문이다. 우리 조상들도 고려시대에는 중국의 과거와 마찬가지로 구술시험을 시행할 수 없었고, 무관 선발을 위한 무과는 아예 없었다. 그러나 조선조에 들어서서는 '훈민정음' 창제 이후 대부분의 한자음이 표준화되어서 한자를 정확히 읽고 우리말에 알맞게 풀이하는지 평가할 수 있었기에 구술시험을 시행할 수 있었던 것이다. 또한 가문의 군대(가병家兵)를 혁파하여, 국가와 백성을 수호하는 군대로서의 무장 집단만 인정하면서 무과가 시행되었고, 무예 실기뿐만 아니라 병법서나 유교경전에 대한 구술시험을 무과 2차 시험에서 실시할 수 있었다. 평가 방식의 다양성·적절성 측면에서, 중국의 과거제도에 비해 조선의 과거제도가 한 걸음 더 증보·개선되었다고 볼 수 있다.

과거 시행의 구체적인 모습은 어땠을까?

1 과거 시행 일정 공고

어떤 과거든 시행하기 전에 시행 일정을 공고하였다. 요즈음 「국가공무원 공개경쟁채용시험 공고」가 1월 초에 발표되는 것과 마찬가지다. 44쪽 그림의 문서는, 1860년 예조禮曹 및 경상감영의 관문關文에 의거하여 이듬해 식년시[정기적으로 시행되는 과거] 일정을 병기하여 소속 선비들에게 알리라고 경주부윤이 용산서원에 내린 것이다.[6]

2월 18일 진사 향·한성시鄕·漢城試(초시)를 시작으로 5월 28일 잡과 방방放榜(합격자 발표)에 이르기까지 3개월 열흘 동안의 일정이 차례대로 쓰여 있다. 이 과거 시행 공고 사항은 첫 시험인 2월 18일 진사 초시가 시행되기 2개월 보름 전에 용산서원에 하달된 것이다.

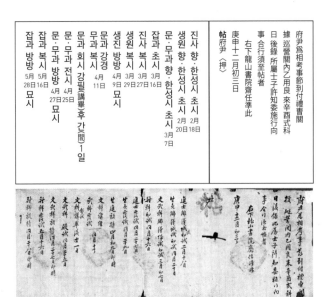

府尹為相考事節到付禮書關
據巡營關內乙用良 來辛酉式科
日後錄 所屬士子許知委施行向
事合行須至帖者
右下龍山書院齋任準此
庚申十二月初三日
帖府尹〈押〉

진사 향·한성시 초시 2月 18日
생원 향·한성시 초시 2月 20日
문·무과 향·한성시 초시 3月 7日
잡과 초시 3月 16日
진사 복시 3月 27日
생원 복시 3月 29日
생진 방방 4月 9日 묘시
문과 강경 4月 11日
무과 복시 4月
문과 회시 강필講畢후 간(間) 1일
문·무과 전시 4月 25日
문·무과 방방 4月 27日 묘시
잡과 복시 5月 16日
잡과 방방 5月 28日 묘시

1861년 식년시 문·무·잡과 시행 일정 공고(1860. 12. 3)

44

2 과거 응시자 명단 제출

식년과거 초시(향시)에 응시하려면, 각 학교에서 과거 시험장으로 올리는 과거 응시자 명단에 인적 사항이 들어 있어야 한다(회시 응시자 명단은 각 지역에서 작성되어 중앙에 보고한 초시 합격자 명단임). 문과에 응시하는 경우를 말하면, 생원이나 진사가 아니고 나이가 일정 연령(당초 40세에서 조선조 말기에 30세로 조정됨) 이하의 인원은 학교에 적을 두고 있으면서 성실하게 학업을 수행해야 응시자 명단에 기입될 수 있었다(이를 「학적자부거원칙」이라 칭함). 학교에 적을 두고 있더라도 불성실하고 학업이 부진하다고 지탄받는 인원은 과거 응시자 명단에 들 수 없었다. 만약에 문제가 있는 유생이 과거 응시자 명단에 들었다는 것이 확인되면, 당사자는 물론 명단 작성자도 함께 처벌받았다.[7] 이런 원칙은 조선조 개창 이후(「학적자부거원칙」은 태조의 즉위 조서에도 명기되어 있음) 1894년 4월에 전통적 방식으로 치른 마지막 식년과거에 이르기까지 변함없이 유지되고 지켜졌다.

각 학교에서 응시자 명단을 작성하여 제출하고 이 명단에 든 인원들만 과시에 나아갈 수 있도록 하는 것은 교육 체제가 조직적으로 갖춰져 있어야 가능한 방식이다. 1546년에 반포된 「경외학교절목京外學校節目」(서울과 지방의 각 학교에 대한 규정)에 따르면, 한성의 각 부部(동·서·남·북·중부)에서 부학部學(동학·남학·중학·서학 등 사부학당)으로 승급하게 될 인원과 지방의 각 군현에서 향교로 승급하게 될 인원을 양성하는 교육 체제가 유지되고 있었음을 알 수 있다.[8] 1562년 박승朴承(1520~1577)이 마련한 자신이 운영하던 서당(구고서숙九皐書塾)의 규칙에서도, 공부를 게을리 하거나 행실이 고약하여 서당이나 마을에서 축출된 인원에 대해 수령에게 보고하도록 하여[9] 교육 체제가 조직화되어 있었음을 알 수 있다. 이런 상황에서 1582년 「학교모범」·「학교사목」도 등장했으며, 1585년 작성된 「복천향교학령」 말미에 향교에서 이루어지는 각종 강학과 평가를 각 면面(각 군郡의 하부 단위

지역)의 학장學長(향촌에서 소규모 교육 시설을 운영하며 후학을 지도했던, 통상 훈장이라고 칭하던 인물) 역시 소관 학동들에게 마찬가지로 시행하라는 규정[10]을 둘 수 있는 교육 기반이 갖춰져 있었던 것이다.

이런 사실은 다음과 같은 점을 시사한다. 즉 덕성의 문제는 이미 학업을 수행하는 동안에 해결해야 하는 과제이고, 과거 시험장에서는 덕성에 의심할 바 없다고 인정된 응시자들로 하여금 경전에 대한 이해와 문장 실력을 겨루게 하여 우수한 인물을 발탁하겠다는 것이다. 이는 시험제도를 운영하는 입장에서 변명하기 어려운 뼈아픈 질문, 즉 "시험 점수가 높다고 해서 그것이 덕성에 하자가 없다는 징표가 될 수 있는가?"라는 질문에 대한 나름대로의 해결책을 마련한 것이라고 볼 수 있다. 다만, 향시를 시행하지 않고 한양에서 단 한 번의 시험으로 급제자를 정하는 특별시험의 경우에는 응시자 명단을 제출하는 절차가 없었다.

3 과거시험 등록 및 입장

    과거에 응시하는 자는 과거 시행 전날까지 과거 시험장에 가서 녹명錄名이라는 응시자 등록을 해야 한다. 녹명하지 않고 과거 시험장에 들어갔다가 탄로 나면 '과장난입죄科場闌入罪'로 처벌받았다.

    과거 시험장 입장은 날이 밝기 전부터(한밤중 야반夜半 또는 새벽 미명未明) 이루어졌다. 많은 인원이 운집해 있다가 차례차례 입장하게 되는데(반드시 본인의 신원을 증명할 호패를 가지고 있어야 한다. 오늘날 어떤 시험장에 들어가든 신분증을 제시해야 하는 것과 마찬가지다. 만일 타인의 호패를 가지고 있다가 발각되면 엄벌에 처해졌다), 부정행위의 소지가 있는 문건을 지참하고 있지는 않은지 소지품 검사와 몸수색을 하고(이를 담당하는 수협관搜挾官들은 유생들에게 불쾌감을 주지 않도록 주의해야 했다) 입장했으므로, 모든 유생이 입장을 완료하기까지 많은 시간이 소요되었기 때문이다.

이와 관련해서 유명한 그림이 있다. 「공원춘효도貢院春曉圖」가 그것이다.

김홍도의 작품으로 추정되는 「공원춘효도」는 날이 밝기 전 과거 시험장 앞에서 입장을 기다리고 있는 유생들의 모습을 묘사한 것이다. 강세황(1713~1791)이 작성한 화제畫題에 적힌 '봄날 새벽春曉'이나 '등불은 밝게 빛나고燈燭熒煌'라는 표현을 보면, 이 그림이 아직 어둠이 가시지 않은 시각에 포착한 장면을 묘사했음을 알 수 있다.

그런데 이 그림을 부정부패가 만연했던 과거 시험장의 풍경을 생생하게 묘사하여 고발한 작품이라고 주요 일간지나 공영방송에서 대대적으로 소개한 적이 있고 (예컨대 2021년 6월 13일 방영 KBS「TV쇼 진품명품」), 미국으로 반출되어 있던 이 그림을 안산시에서 구입하여 환수하는 '귀향, 68년 만에 「공원춘효도」 고향 안산으로 오다'라는 축하행사를 할 때에는 안산미술관 마당에서 판소리를 곁들여 과거 시험장에서의 부정행위를 연출하는 공연을 했는데, 자기 조상을 조롱하는 듯한 퍼포먼스

「공원춘효도貢院春曉圖」

「공원춘효도 화제畫題」

貢院春曉萬蟻戰酣 或有停毫凝思者

或有開卷考閱者 或有展紙下筆者

或有相逢偶語者 或有倚擔困睡者

燈燭熒煌人聲擾擾 摸寫之妙可奪天造

半生飽經此困者 對此不覺幽酸

－豹菴

봄날 새벽의 과거 시험장 앞,

수많은 사람들이 실력을 겨루려는 열의가 무르익었네.

붓을 멈추고 골똘히 생각하는 사람이 있고,

책을 펴서 찬찬히 살펴보는 사람이 있는가 하면,

종이를 펼쳐놓고 붓을 놀리는 사람도 있다.

사람들이 상봉하여 함께 이야기를 나누기도 하고,

봇짐에 기대어 곤히 자는 사람도 있는데,

등불은 밝게 빛나고,

사람들 목소리로 시끌벅적 떠들썩하다.

그 광경을 그려낸 솜씨가 빼어나

마치 실제 모습 그대로인 듯하니,

반평생 물리도록 이런 고단함을 겪은 자가

이 그림을 본다면,

저도 모르게 마음 깊은 곳이 아릴 것이다.

－표암豹菴 강세황姜世晃

에 동원된 이들은 어린 학생들이었다. 참으로 개탄스럽고 어처구니없는 짓이 아닐 수 없다. 이런 일이 벌어진 이유는 과거 시험장이 부정·부패를 자행하는 타락한 현장이었음을 논증할 만한 증거 사료의 하나로 「공원춘효도」를 제시한 학술 논문이 있었기 때문이다.

만약 「공원춘효도」에 대한 이런 저열한 품평이 타당하다면, 그림 속에 등장하는 과거 응시자뿐만 아니라, 이 그림을 보고 '저도 모르게 마음 깊은 곳이 아릴不覺幽酸' '이런 고단함을 겪은 자經此困者'도 역시 과거시험에서 부정행위를 저질렀던 자들이라고 봐야 한다. 강세황이 이런 글을 화제로 남긴 것이, 조선의 유생들이 과거 시험장에서 부정을 저지르느라 고생이 많다고 적기 위해서라는 말인가?

강세황은 1785년 72세의 나이에 중국에 파견된 사신단 차석대표(부사副使)로 북경에 다녀올 만큼 정조의 신임이 두터웠던 인물이다. 그런 인물이 이 그림을 과거 시험장 부정행위 장면을 묘사한 것으로 간주했고, "부정·부패가 만연한 과거 시험장의 현실을 있는 그대로 화폭에 담았구나! (같은 짓을 했던 사람들이) 이 그림을 본다면 저도 모르게 마음 깊은 곳이 아릴 것이다"라고 화제畫題를 남겼다고, 후대인들이 이해하는 것은 강세황뿐 아니라 이 그림의 작자를 모독하는 일이 아닐 수 없다.

전혀 관련이 없는 엉뚱한 사료를 근거로 삼아 과거제도와 그 운영에 대해 비난과 경멸에 가까운 언설을 늘어놓는 경우는 광고 장사를 위해 판매 부수 부풀리기나 시청률 경쟁에 혈안이 된 몰지각하고 분별없는 신문·방송뿐 아니라 학술 논문에도 심심치 않게 등장한다. 박제가의 『북학의』에 "내 벗 이희명이 (내가 지은 과거 답안지를 보고, 그만하면 잘 지었다고) 흡족해했다 슈李友喜明足之"라는 문장을 과거시험에서 "친구 이희명에게 대신 답안지를 작성하도록" 하는 부정을 저질렀다고 오역한 번역본을 그대로 베껴씀으로써, 조선 후기에 과거 시험장에서 부정이 만연했다고 풀이한 논문도 몇몇 있다. "슈李友喜明"은 "벗 이희명에게 시켰다"는 서술문이 아니라, 박제가가 '이희명'이라는 친구를 격조 있게 표현한 슈友 명사다(성은 이씨이고 이름은 희명인 내 벗!). 영부인슈夫人은 남의 부인을 높여 부르는 것이고(대통령 부인만 영부인이 아니다), 영애슈愛는 남의 딸을 높여 부르는 호칭인 것과 마찬가지다.

우리 역사에 대한 자기 멸시나 마찬가지인 터무니없는 언설과 영상이 학술 논의나 방송으로 인터넷으로 떠돌고 있다는 현실이 개탄스럽고 한심하기 짝이 없다.

중국의 이른바 동북공정이나 일본의 역사 왜곡에 휘둘리지 않고 당당하게 저들을 꾸짖고 시정을 촉구하려면 조선조에 대한 이런 자학적 역사 인식부터 바로잡아야 한다.

4 과거 시험장 풍경

중국은 북경과 남경 등지에 과거시험 전용 시험장 시설인 공원貢院을 두었지만, 조선에는 이런 것이 없었다. 따라서 개활지를 시험장으로 활용하는 경우가 흔했는데, 시험장 주변에 상당히 많은 금란관禁亂官(과거 시험장 주변에 잡인들이 접근하지 못하도록 하는 군사들)을 배치하여 경비를 세웠다.

조선의 과거 시험장 풍경을 짐작하는 데에는 호조의 선공감繕工監(오늘날 조달청과 비슷한 기관)에서 과거가 시행되는 시험장에 공급했던 물품을 확인하는 것이 도움이 된다.[11] 그 대강을 소개하면 다음과 같다.

시관·감시관·차비관·응판관 등이 사용할 책상·벼루·

Kong–yuen de Nan–king
Allée principale à l'entrée
(D'après une photographie du P. L. Gaillard)

Kong–yuen de Nan–king
Entrée des corridors donnant sur les
rangées de cellules
(D'après une photographie du P. L. Gaillard)

KONG–YUEN de NAN–KING
Cellules vues de face
(D'après une photographie du P. L. Gaillard)

KONG–YUEN de NAN–KING
Une rangée de cellules
(D'après une photographie du P. L. Gaillard)

이 그림들은 1894년 불어로 출판된 《중국 문과제도의 실제》라는 책에
실려 있는 삽화다. Etienne Siu(1894), *Pratique des Examens Litteraires en Chine.*

옷걸이·사모걸이·촛대·광명대光明臺, 시험 문제를 걸어 놓을 판자(현제판懸題板), 문과에서 시권을 역서易書할 때 쓸 판자, 방榜을 낼 때 쓸 판자 등[12]

위에 제시한 비품 중에 현제판懸題板은 하나가 아니라 여러 개 준비해야 하는 경우도 있었다. 과거 시험장에서 응시자들이 시험 문제를 잘 볼 수 있도록 게시해 놓았는데, 응시자가 많을 때는 시험 문제를 여러 군데에 게시했기 때문이다.

역서易書할 때 쓸 판자란, 문과의 경우 응시자가 작성하고 제출한 시권試券(과거시험 답안지)을 서리書吏들이 대기하고 있다가 동일하게 필사하는데, 이때 사용할 판자를 말한다. 이 역서에 동원되는 서리의 수는 문과 응시자 수에 따라 다르겠지만 대개 50~100명 선이었다.[13] 이 역서를 담당하는 모든 인원에게 벼루·광명대·서판書板을 하나씩 선공감에서 지급하게 되어 있었다.

과거 시험장 안 풍경에 대해서도 유명한 그림이 있는데, 「평생도」 가운데 하나로 '소과 응시'라고 칭한다. 이 그림에 대해서도 문란한 과거 시행 장면을 묘사한 것으로 간주한 연구물이 있다. 그러나 이 그림은 문란한 시

「평생도」 중 '소과 응시'

험장 모습이 아니라, 과거시험을 시작하기 이전의 장면이거나 '백일장' 모습으로 보인다. 후자일 가능성이 더 높다. 지방관의 주관 아래 향교나 서원에서 시행된 백일장도 과거 못지않게 매우 엄격히 치러졌다.

이 그림이 소과 응시 장면이든 백일장 모습이든, 주목할 만한 것은 응시자와 시험관(채점관)이 서로 알아볼 수 없도록 장막을 쳐놓았다는 점이다. 답안 채점에 사사로운 정이 개입되지 않도록 한 것이다. 이 그림을 소개할 때 하단부에 유생들이 옹기종기 모여 앉아 있는 모습만 절취해서 보여 주는 경우가 많은데, 졸렬한 짓이 아닐 수 없다. 그림의 전체 장면을 소개하지 않음으로써, 과거 시험장에서 부정행위가 만연했다는 점을 보여 주는 그림이라고 날조하기 위한 것이기 때문이다.

과거시험이 시작되면 정해진 시각 안에 답안 작성을 마쳐야(성편成篇) 했는데, 제한 시간에 답안을 제출하지 못하는 응시자들도 적지 않았다. 그랬기 때문에 과거 시험장에 '입장한 유생의 인원수入門數'와 유생들이 제출한 '시권의 건수收券數'가 대부분 서로 달랐다.

5 과거시험 과목

가장 대표적인 과거인 문과의 시험과목은 정기 시험인 식년시를 기준으로 할 때, 사서四書·오경五經과 부賦·표表·전箋·책策이다. 식년시나 증광시에만 함께 시행되는 생원·진사시의 시험과목은 사서·오경(생원시)과 시詩·부賦(진사시)다(『대전회통』 규정).

문과의 고시과목을 잘 알지 못하면, 작문作文을 의례 시詩를 짓는 것으로만 간주하기 쉬워서 "어떻게, 시를 짓는 능력으로써 한 나라의 고위 공직자를 선발·등용할 수 있느냐?"고 의문을 제기할 수 있다. 그러나 과거 중에 문관 임용고시인 문과의 시험과목에 부賦가 있지만 시詩는 없다. 원칙적으로 공직자 임용고시가 아닌 진사시에 율시律詩도 아닌 고시古詩가 있었을 뿐이다.

조선시대 과거에서 문관 임용 여부의 요건이 시·부 작성 능력이라는 영역에 국한된 것이 아니었는데도, 마치 문장력만 있으면 관리로 행세할 수 있었던 것처럼 여긴다면 심각한 불찰이다. 문관이 되는 데에 가장 중요한 것은 경학經學에 대한 식견과 실무 행정 능력이었다(경학과 시무時務). 관인이 되고자 하는 인물들은 경학에 대한 식견을 바탕으로 실무 행정 능력도 겸비할 것을 추구했다.[14] 따라서 필기시험에서 사서의四書疑(『대학』·『중용』·『논어』·『맹자』 등 사서에 대한 시험)나 오경의五經義(『주역』·『시경』·『서경』·『예기』·『춘추』에 대한 시험)에 대해 자타가 공인하는 경학 실력을 갖출 것과 표表·전문箋文·책문策文 작성 등 실무 문서 작성 능력이나 실질적 대안을 제시할 수 있는 안목을 최우선 과제로 삼았다. 이 가운데 사서와 오경에 대한 시험을 좀 더 자세히 살펴보면 다음과 같다.[15]

사서의는 사서의 내용에 대한 질문을 몇 개 제시하여 그에 대한 답을 요청하는 데에 비해, 오경의는 한 구절 (단구제單句題)에 대하여 뜻풀이를 하는 것이다.[16] 따라서 사서의 문제는 길며, 오경의 문제는 매우 간단하였다.

사서의는 사서 가운데 두 책 이상에서 출제하거나 한 책의 여러 군데에서 엮어내어 출제하였고, 오경의는 오경 중 한 책에서만 출제하였기 때문이다. 사서의는 사서의 전반적인 내용을 종합적으로 이해하고 있는지 묻는 것이고, 오경의는 오경 각각에 대한 정통적 이해의 수준을 평가하려는 것이었다고 볼 수 있다.

조선 초기에는 사서의보다 오경의를 중시하는 편이었다가,[17] 조선 후기로 가면서 사서의를 더 중시하는 쪽으로 바뀌었다. 조선 초에 오경의 문제는 단구單句가 아니라 대구對句로 출제되다가 단구제單句題로 바뀌었으며,[18] 두 개 또는 다섯 개의 경전에서 각기 한 문제씩 출제되다가[19] 인조대에 『경국대전』 규정대로 경전 하나에 대한 문제만 출제하도록 했다.[20]

사서를 통틀어 한 문제만 내는 사서의와 달리 오경의 문제는 두 개 또는 다섯 개의 경전에서 각기 한 문제씩 내어 하나를 선택하도록 한 것은 응시자로 하여금 가장 잘 대답할 수 있는 자신 있는 경전에 답하도록 배려했다고 볼 수 있다. 그러나 인조대에 오경의도 사서의와 마찬가지로 한 문제만 출제하기로 하면서부터 응시자의 부담이 커졌다. 오경에 모두 통달해야 어느 경전에

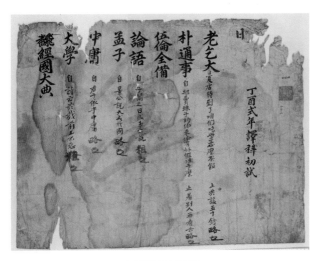

역과(한학) 초시 시권

대한 문제가 나오든 제대로 답할 수 있었기 때문이다.

　식년·증광시 문과 초시에는 사서의와 오경의 중 한 문제를 출제했는데,『속대전』규정에 따르면 오경의는 폐지되고 사서의만 시행되는 것으로 바뀌었고,『대전통편』의 규정에는 생원시에 오경의 중 춘추의春秋義가 폐지되었다.

　문과나 생원·진사시 이외 과거시험의 시험과목을 살피는 것도 중요한데, 매우 전문적인 능력을 구비했는지 확인하기 위한 것이며, 이들 시험에서 좋은 성적을 거두려면 상당한 노력을 기울여야 했다. 탐독해야 할 전문서적이나 익혀야 할 기예技藝가 결코 만만한 도전 과제가 아니었기 때문이다. 조선왕조의 마지막 법전인『대전회통』에 나와 있는 무과·잡과의 시험과목을 주요한 것만 간단히 제시하면 다음과 같다.

무과에는 활쏘기, 말 타고 활쏘기, 말 타고 창던지기, 격구, 조총사격 등 무예 실기와 사서 중 1서, 오경 중 1서, 무경7서 등에 대한 강서講書(구술시험)가 있으며 필기시험은 없었다.

역과의 한학漢學 분야에는 사서四書·『노걸대老乞大』·『박통사朴通事』·『역어류해譯語類解』 등에 대한 강서講書가 있고, 이 분야에도 필기시험은 없었다. 몽학蒙學 분야에는『노걸대』·『첩해몽어捷解蒙語』·『몽어류해蒙語類解』 등에 대한 사자寫字가 있고, 왜학倭學 분야에는『첩해신어捷解新語』, 여진학(청학) 분야는『팔세아八歲兒』·『노걸대』·『삼역총해三譯總解』 등에 대한 사자가 있는 등 한학 분야의 역과에만 강서가 있고 나머지 세 분야의 역과에는 사자시험이 있었다.

한학, 몽학, 왜학, 여진학(청학)에 대한 시험과 공부에서 획기적인 역할을 한 것은『훈민정음』이다. 위에 제시한 모든 외국어 학습서에는 언해본이 있다. 거기에는 당시의 현실 발음이 한글로 정확히 명기되어 있다. 사어死語가 되어 버린 만주어도 여진학(청학) 역과 학습서를 활용하면 되살릴 수 있을 정도였다. 중국, 몽골, 일본의 역관들이 조선어를 어찌 익혔는지 알 수 없지만, 조선의 역관들이 여타 외국어를 익히는 것만큼 용이하지는 않았을 것이다.

의과에는 『찬도맥纂圖脉』・『본초本草』・『소문素問』・『의학입문』 등에 대한 강서가 있었다.

음양과의 천문학 분야에는 『신법보천가新法步天歌』・『시헌기요時憲紀要』 등에 대한 강서 및 『칠정산七政算』에 대한 수학시험이 있었고, 지리학 분야에는 『청오경青烏經』・『명산론明山論』 등에 대한 강서가 있었으며, 명과학 분야에는 『원천강袁天綱』・『협길통의協吉通義』 등에 대한 강서가 있었다.

율과에는 『대명률大明律』・『무원록無寃錄』 등에 대한 강서만 있었다.

강서는 과목에 따라 책을 보지 않고 치르는 시험(배송背誦・배강背講)과 책을 펴놓고 치르는 시험(임문臨文・면강面講)이 있었다.

또한 문·무·잡과 어느 영역에 대한 시험을 치르든, 모든 응시자는 『경국대전』에 대한 임문 구술시험을 치러야 했다(역과인 경우는 해당 외국어로 번역했다). 관직자가 되고자 하는 인물이 법전에 대한 이해가 있는지 확인하는 것이 필요했기 때문이다. 그러나 생원·진사시는 관원 임용고시가 아니었으므로 『경국대전』 시험이 없었다.

6 필기시험 답안 채점 및
구술시험 평가

가장 대표적인 과거였던 식년문과를 중심으로 응시자의 성적을 어떻게 매겼는지 소개하면 다음과 같다.

조선시대에도 현재 대한민국 사회와 마찬가지로 채점관이 시험 답안지를 작성한 주인공이 누구인지는 알 수 없었다. 채점할 때 시권 작성자의 인적 사항을 알지 못하도록 가린 봉미封彌나 인적 사항을 적은 부분을 잘라내는 할거割去, 문과의 경우 답안지 원안을 그대로 옮겨 적어 채점하는 역서 등의 조치를 취했기 때문이다. 또한, 친인척이 채점관을 담당하는 시험장에는 응시자가 들어갈 수 없도록 하는 상피제相避制도 있었다. 모두 과거제도의 공정성을 견지하기 위한 것이었다.

다음의 그림은 본인과 사조四祖의 인적 사항을 적은

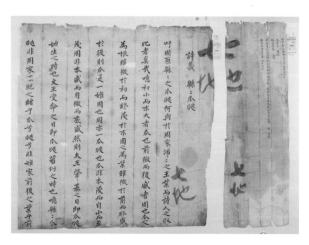

이정유의 시권(1783)

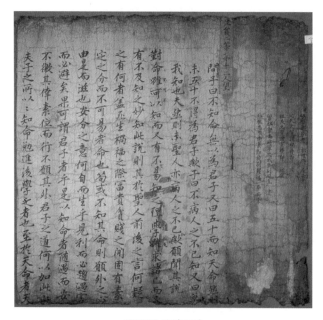

안경로의 시권(1561)

부분을 잘라낸 흔적이 보이는 이정유李挺儒(1758~?)의 시권과 안경노安景老(1527~?)의 식년 생원시 회시 시권이다. 안경노의 시권에는 인적 사항을 적은 부분을 접어서 가렸던 흔적이 보인다.

문과에서 시행한 역서에 대해 좀 더 살펴보면(생원·진사시에서는 역서를 하지 않았다), 대기하고 있던 서리가 시권을 받아 그 내용을 필사하면 검토관이 원본과 복사본을 대조하여 서로 다름이 없음을 확인한 다음 채점관에게 복사본 시권을 전달했다.

채점의 척도는『경국대전』에 규정되어 있는데, 가장 높은 점수 9점(上上 또는 一上)에서 가장 낮은 점수 1점(下下 또는 三下)까지 9단계 척도다.『경국대전』규정은 아니지만 1점보다 더 낮은 평가 척도로 차상次上·차중次中·차하次下 등을 적어 놓는 경우도 있다. 법전 규정상으로는 9점까지 받을 수 있었는데, 상상上上·상중上中·상하上下로 평가된 시권은 본 적이 없다. 이런 고단위 평가는 명목상으로만 있었을 뿐인 것으로 보인다. 중하(中下 또는 二下 : 4점)의 평가만 받아도 보기 드문 매우 높은 점수였다. 겸양의 표시가 과거시험 답안의 채점에도 반영되었다고 볼 수 있다.

시관(채점관)은 향시(초시)의 경우 3명, 복시·전시의 경우 7명인데, 전국의 유생들이 한양에 모여 초시를 치르거나 초시 없이 한 번의 시험으로 급제자를 정하는 경우, 응시 인원이 많을 수밖에 없으므로 시관을 많이 차출하였다.

문과 회시에서 합격자가 결정되면, 이들과 직부전시(성균관에서 시행된 특별시험에서 최고의 성적을 거두어 초시·회시를 거치지 않고 바로 전시에 나아갈 수 있도록 한 것)를 받은 인원들이 근정전(조선 후기에 인정전으로 바뀌었다)에 모여서 엄정한 의례를 거행한 후 전시를 치렀다. 전시는 당락과 무관하게 이미 문관 임용에 합당하다고 결정된 인물들을 대상으로 등수를 결정하는 시험이다. 과목은 책策·표表·전箋·송頌·제制·조詔 중 하나를 출제하였다(나중에 논論·부賦·명銘 등의 과목이 추가되었다).

전시가 등수만 결정하는 시험이었으므로, 광해군 시절(1611. 3) 전시 답안이 불경스럽다는 이유로 합격자 명단에서 삭제하라는 왕명이 내려졌으나 신하들이 거부한 일이 있었다. 임숙영(1576~1623)이라는 인물이 전시에서 책문策問 답안에 임금의 시정施政과 인사 및 언로의 소통 등에 문제가 있으니 바로잡아야 한다는 쓴소리를

담은 건의를 했는데(맞아 죽을 각오로 글을 쓰노라고 했다),
처음부터 끝까지 『춘추』라는 경전을 인용하면서 나라
와 정치가 바른 길에서 어긋나 있다고 비판한 것이 광
해군의 심기를 불편하게 만든 것이다. 이에 광해군은 임
숙영을 급제자 명단에서 삭제하라고 명하였으나, 신하
들이 "이미 합격이 결정된 인원을 취소하는 경우는 없
었다"고 왕의 명령을 거부하여, 3개월가량 왕과 신하 사
이에 실랑이를 벌인 끝에 결국 광해군이 합격 취소 명
령을 거두었다.[21] 조선은 왕이 독단적으로 전횡을 휘두
를 수 있는 나라가 아니었던 것이다.

또한, 전시에 참여한 인원은 주어진 문제에 대해 답안
을 완성하여(성편成篇) 제출해야 합격 증서인 홍패를 받
을 수 있었으며, 만약 성편을 하지 못하면 다음 식년시
의 전시를 기다려 성편해야 합격증을 받을 수 있었다.[22]
1687년(숙종 13) 평안도 유생 전이공田以功이 식년문과
전시에서 성편하지 못하여 문과 급제방에서 제외되었
는데, 다음 번 전시가 시행되기 전에 사망하는 바람에
홍패를 받지 못했다.[23]

앞서 소개했듯이, 문과시험에 필기시험만 있었다고
여기기 쉽지만 구술시험도 있었으며, 문과 급제 여부를

결정짓는 가장 중요한 시험이었다. 식년문과 회시에서 필기시험을 치는 중장·종장과는 달리 초장은 사서·삼경* 7개의 경전에 대한 구술시험이었다(삼경은 오경 중 택 3). 7개 경전에 대한 구술시험(강서 또는 강경講經이라고 한다. 이하 칠서강이라 칭한다)은 오로지 식년문과 회시 초장에만 있었다. 이를 회강會講이라고도 하는데, 두 군데 시험장으로 나누어 시행하였다.

식년문과 회시 초장인 칠서강은 매우 까다롭게 진행되었다. 우선 장막을 겹으로 쳐서 시관과 응시자가 서로 알아볼 수 없도록 했다. 또한 강서하는 자리에 입장할 때 응시자의 이름을 부르면 시관이 그가 누군지 알아서 사정私情이 개입될 여지가 있으므로, 이름 대신에 강서 시권과 응시자 명부 이름 하단에 기록해 둔 자호字號(天·地·玄·黃…)를 불러서 입장하도록 하였다. 이를 담당하는 것은 사헌부와 사간원에서 파견된 감시관監試官과 수행원들이었는데, 감시관들은 장막의 양 끝에 앉아서 시험이 규정대로 진행되고 있는지 응시자와 시관을 모두

---

* 흔히 주요 유교경전을 일컬어 '4서·3경'이라고 칭하는데, 바로 이 칠서강이라는 조선 과거제도의 구술시험에서 비롯된 것이다. 중국에서는 '4서·3경'이라는 표현을 하지 않는다.

감찰하는 임무도 맡았다.[24] 이런 격장법은 이미 조선 초부터 구상되었으며,[25] 『대전후속록』(1543)에 반영되었다.[26] 장막을 치더라도 입장하는 순서를 알게 된다면 응시자를 분간할 수 있으므로 초시 입격 등수 순서대로 입장시키자는 의견이 거부될 정도로 시험관이 사사로운 정에 연루될 여지를 차단하였다.[27]

강서가 이루어지는 절차와 방식 역시 만만하지 않았다. 칠서강을 시행하려면 사서·오경의 각 편이나 각 장 대문大文의 수(예컨대 『논어』 「학이」편 16대문, 『중용』 제1장 5대문 등)를 기록해 둔 책자, 대문 상단에 일련번호가 매겨진 사서·오경, 『대학』·『중용』의 장章 숫자나 대문의 최대 수효만큼 번호가 매겨진 찌, 각 서책의 편명이 적힌 찌, 찌를 담는 통 등이 필요했다.

숫자나 편명을 적힌 찌들을 찌통에 거꾸로 꽂아 놓고 그중 하나를 뽑으면(예컨대 『논어』 강서에서 「학이」편), 뽑은 찌에 적혀 있는 편명 대문의 수(16대문)를 확인한다. 그러면 1부터 16까지 번호가 매겨진 찌를 찌통에 거꾸로 꽂아 놓고 다시 추첨하여 그 번호를 확인하면(12번) 그 번호가 매겨진 해당 대문(『논어』 「학이」편 12번째 대문)을 놓고 구술시험을 시행하는 것이다.[28] 따라서 응시자

뿐 아니라 시험관도 어떤 문제가 출제될지 미리 알 수 없다.

추첨으로 뽑힌 문제에 대하여 고강한 후 7명의 시관이 제각기 통通(2分)·약略(1分)·조粗(0.5分)·불不(낙제) 등의 성적을 매기면 합산하여 종합 평가를 한다(통·약·조의 채점 기준도 『경국대전』에 규정되어 있다). 이렇게 7개의 경전에 대한 고강이 끝나면 강서 시권이 작성되는데, 각 과목의 시험 문제 아래 평가 등급(통·약·조)을 기록하고 그 밑에 응시 당사자가 사인한 다음 관인을 찍는다. 이 모든 작성 과정은 사헌부·사간원에서 파견된 감시관 2명과 수행원 서리가 담당하였다.[29] 또한 강서시험 도중에 '불不'의 성적을 받으면 더 이상 시험을 진행하지 않고 바로 탈락시켰다. 아래에 제시한 1831년 식년시에서 작성된 신국휴申國休(1803~?)의 강서 시권을 보면 그 실례를 확인할 수 있다.

이 강서 시권은 신국휴가 강서시험을 치러 나아가다가 『시경』에서 '불'의 성적을 받자 더 이상의 강서를 진행하지 않았음을 보여 준다. 이는 칠서강 응시자가 『시경』에 대한 강서시험에서 '불'을 받음으로써 식년문과 복시 초장에서 탈락했음을 의미한다. 이런 조치는 "모

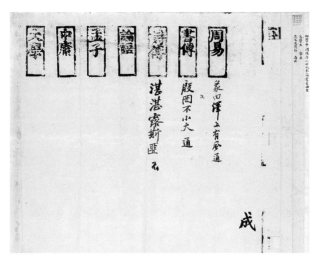

신국휴의 강서 시권(1829)

든 강서에 '조粗' 이상을 취한다凡講取粗以上"라고 명기해
놓은 『경국대전』에서 『대전회통』에 이르기까지 줄곧 유
지되었던 강서시험의 규정에 따른 것이다.

강서 시권에는 공통적으로 응시자 인적 사항(직역, 성
명, 연령, 본관, 거주지, 부친의 직역 및 이름), 분수分數(종합 평
점), 강서 대상 경전 명칭, 각 과목의 문제講題 및 그에 대
한 성적(통·약·조), 서압署押(사인) 등을 담고 있으며, 각
성적과 종합 평점 위에는 관인이 찍혀 있다.

칠서강의 강서 시권은 시기별로 작성하는 방식에는

몇 가지 변천 사항이 있다. 김총金璁(1633~1678)의 시권을 보면 각 과목 시험 문제 아래 평가(순통純通·통通·약略) 및 응시자의 사인과 관인이 있고, 고시홍高時鴻(1803~?)의 시권에는 각 과목의 시험 문제가 매우 간단하게 제시되어 있으며, 그 아래 평가가 김총의 시권에 비해 자세히 기재되어 있다(사통삼략통四通三略通·삼통사략략三通四略略). 또한 응시자의 사인이 보이며 오른쪽 아래에 '김金'이라는 자호가 기재되어 있다. 7개의 시험과목의 명칭이 김총의 시권과는 달리 周易 書傳 詩傳 論語 孟子 中庸 大學의 인장印章이 찍혀 있는데, 이는 1688년의 수교受敎에 따른 것이며 『속대전』에 반영되어 있다.[30]

칠서강의 결과 동점자의 경우 등수를 가리는 방식이 있었는데(맨 처음 고강한 과목의 점수가 높은 자가 상위이며, 이 역시 동점이면 그다음 과목의 점수를 차차 비교하여 순위를 가림. 반드시 순위를 가렸음),[31] 과목의 순서를 서로 달리 기재하면 순위를 정하는 데 부당한 일이 발생되기 때문에 시권에 미리 인장을 찍어 놓도록 한 것이다.

강서 문제와 성적의 기재 방식에도 변화가 있었는데, 19세기에 작성된 강서 시권의 각 과목 문제는 몇 글자만 간단히 기술되어 있는 데 비해서 그 이전의 강서 시

김총의 강경 시권(1660)

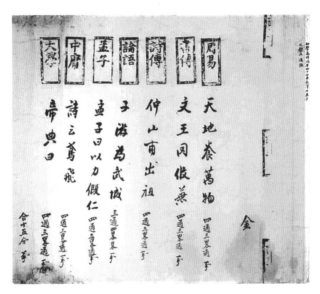

고시홍의 강서 시권(1849)

권은 강서 대상 문구가 자세히 적혀 있었다. 즉 강서 문제가 구체적으로 제시되었다가 19세기에 들어서는 간략하게 제시하는 것으로 변경되었다.

김총의 시권에서는 각 과목에 대한 종합 평정된 성적만 알 수 있을 뿐이고, 7인의 시관이 어떻게 평가했는지는 알 수 없다. 그러나 18세기 이후에는 '사통삼략'의 방식으로 표기되어 해당 강서에 대해 시관 4명이 '통'으로, 시관 3명이 '약'으로 평가했음을 알 수 있었으며, 고시홍의 시권에서 보듯이 19세기에는 '사통삼략·통'이라고 표기하여 '사통삼략이면 통'이라는 사실까지 확실하게 제시해 주고 있다(신국휴의 시권이 19세기의 것인데도 불구하고 성적을 간단하게 표기한 것은 낙제한 자의 시권이어서 상세하게 표기할 필요가 없었기 때문이다).

또한, 배획倍劃(두 배로 평점)의 규정이 생겼다. 강서 시권을 보면, 분수 계산 방식이 『경국대전』 규정 그대로 시행되고 있음을 확인할 수 있다. 다만, 오경 중에서 삼경을 선택할 때 『주역』을 강서한 경우는 두 배의 분수를 주었는데 이를 배획이라 한다.

『주역』에 대한 배획은 1493년(성종 24) 「권학절목」을 의논하는 과정에서 결정된 것으로, 당초에는 식년문과

회시 강경에서 제일 먼저『주역』을 고강하여 '불통'인
자는 나머지 다른 과목 시험도 치를 수 없도록 함으로
써『주역』에 대한 권학을 도모하려 했으나, 다수의 의논
에 따라『주역』성적은 배획하는 것으로써 권학을 도모
하기로 결정한 것이다.[32] 이후, 1655년(효종 6)부터『춘
추』에 대한 강서에 대해서도 역시 배획을 실시하게 된
다. 이전부터『예기』나『춘추』의 경우 배획을 해야 한다
는 주장이 있었으나 받아들여지지 않다가,[33]『춘추』의
성적만 배획하기로 한 것이다.

　강서 시권의 기재 방식이나 채점에 어떤 변천이 있었
는지 법령·규정과 상응 여부를 함께 검토한 결과 가장
두드러지게 드러난 점은 원칙과 실제 사이의 일치에 있
다고 할 수 있다. 이런 점은 단지 강서에 대해서만 나타
난 것이 아니라 과거제도 시행 전반에 어김없이 유지된
사실이었다.

　거의 완벽한 블라인드 테스트blind Test를 이미 조선조
과거제도의 강서시험에서 시행한 것이다. 요즈음 국가
고시에서든 대기업 입사시험에서든 이 정도로 철저하
게 블라인드 테스트를 시행하고 있는지 반문하고 싶다.
응시자가 누구인지 전혀 모르도록 했다는 점을 현대에

그대로 반영하려면, 남녀 분간도 할 수 없어야 하므로
구술시험이나 면접에서 음성 변조 마이크를 사용해야
한다.

7 합격자 발표 및
합격증서 수여식

소과 회시에서 생원·진사들의 합격과 문·무과 전시를 통하여 급제자들의 등수가 결정되고 나면 이를 알리는 방이 붙고 합격증(문·무과 : 홍패, 잡과 및 생원·진사과 : 백패)을 수여하는 행사를 거행하게 된다.

82쪽 그림은 1795년 정조가 수원 화성에 행차했을 때 특별한 문·무 과거를 시행하여 그 결과 합격자에게 홍패를 수여하는 방방례 장면을 묘사한 것이다. 그림에 나타난 것과는 달리 당시 뽑힌 문과 합격자는 5명이었고 무과는 56명이었다.[34]

방방례에서 급제자들은 관복을 입고 합격증서(홍패 또는 백패)와 어사화·술·안주를 차례로 받게 되며,[35] 이어서 사은례謝恩禮를 하고 성균관 문묘에 가서 알성례

문무과 홍패(합격 증서) 수여식, 「낙남헌방방도洛南軒放榜圖」(1795)

이순신의 무과 홍패(1576)

현규의 역과 백패(1773)

이희태 진사 백패(1721)

조기영의 문과 홍패(1814)

를 한다.[36] 또한 문과에 급제하여 귀향할 때는 해당 고을 향리들의 영접을 받고 향교에서 알성을 한 후 관가로 가서 수령과 인사를 나누며, 수령과 함께 본가를 방문하여 부모님을 모시고 관가로 돌아와 함께 잔치를 벌였다.[37] 이런 모든 과정은 국가의 공식적인 의례로 정해진 것이었다.

8 합격자 명단인
방목의 작성

과거가 종료되고 나면 합격자 명단을 책자로 작성하게 되는데, 통상적으로 문·무과는 합본 제작되고, 생원·진사과와 잡과는 각각 별도의 책자로 만들어진다. 문과 방목의 기재 사항은 급제자의 성명, 직역, 생년, 자字, 본관, 거주지이고, 생원이나 진사의 경우 입격 연도, 직부전시 여부(방목의 상단에 적혀 있는 두주頭註) 등 본인에 대한 것과 부친의 직역·관등, 부모 구존俱存 여부, 형제의 이름 등 가족과 관련된 것이다(86쪽 그림 참조).

방목은 교서관에서 간행하거나 급제자들이 자기 비용을 들여서 개인적으로 간행하였다. 교서관에서 간행한 방목은 예조·의정부·성균관 등에 보관하기 위한 것이고,[38] 급제자에게 나누어 주기 위한 것은 아니었다. 특

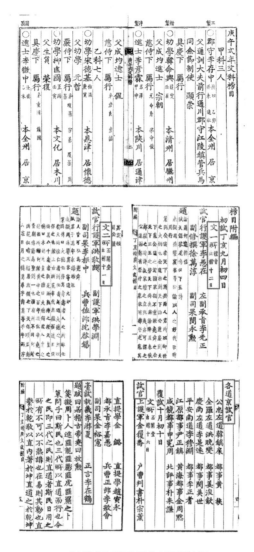

1750년 식년문과 방목 급제자 명단과 부록

별한 경우 은전恩典으로 교서관에서 간행된 문과 방목을 문과 급제자, 시관들에게 나누어 주고 팔도에 배포하기도 하였다.[39]

앞의 그림에서 보듯, 문과 방목의 말미에는 부편附編으로 한성시의 시행 날짜·장소와 1·2소 각 시험장 시관 명부와 시험 문제, 각 도에서 시행한 초시의 시험관, 회시의 시행 날짜·장소와 시관 및 감시관 명부와 시험 문제, 전시 시행 날짜·장소, 방방放榜 일시와 장소 등이 기재되어 있다. 만약 후대에 이 과거의 설행에 문제가 있었다는 것이 밝혀진다면, 이렇게 낱낱이 기록된 인원들은 불명예를 면하지 못하게 된다. 특히 감시관으로 파견된 사간원·사헌부의 관원들의 경우(대시臺試), 부정을 제대로 감찰하지 못했거나 묵인한 셈이므로 이들 당사자뿐만 아니라 그 후손에게 이르기까지 씻을 수 없는 치욕이 아닐 수 없다. 과거의 결과 작성되는 방목은 시험 결과에 대한 단순한 합격자 인원의 기록에 그치는 게 아니었던 것이다.

과거에 응시하기 위해
얼마나 공부했을까?

지금까지 서술된 엄혹하기 짝이 없는 조선조의 국가 고시에 응시하기 위해 당시 유생들은 어떤 공부 과정을 거쳤을까? 조선조 말기에 작성된 일기(김인섭의『단계일기』)에 나타나 있는 과거 공부의 고단한 과정을 살펴보겠다. 지독하게 빈곤한 가정에서 태어나 자랐음에도 약관 20세(만 19세)에 문과 급제한 김인섭金麟燮(1827~1903, 호 단계端磎, 1846년 식년문과 급제)의 장남 김수로金壽老(1859~?)의 과거 준비 과정이다.

김수로는 7세(만 6세)부터『천자문』을 익히기 시작하였고, 9세에『천자문』을 모두 외운 다음에는 조부(김령, 1805~1865)가 손자들의 문자 학습을 위해 장만해 둔『역대천자문』을 공부하였으며 간간이『고문진보』와 글씨

쓰기도 익혔다. 그다음에 익힌 책이 『동몽선습』(9세)이
다.[40]

조선조 중기 이후에는 『동몽선습』이 동몽 교재로 널
리 읽히기 시작했는데, 심수경沈守慶(1516~1599)은 이 책
의 의의를 다음과 같이 전하고 있다.

> 요즈음 『동몽선습』이라는 이름의 어린이들을 교육시
> 키는 책이 있는데, (…) 이 책은 먼저 오륜, 다음으로는
> (중원대륙의) 역대 사실史實, 그다음은 우리나라의 역사
> 등을 서술하여 경經·사史를 아울러 약술하였으니, 마땅
> 히 어린이에게 먼저 읽도록 할 만하다. 어린이를 가르
> 치는 자라면 어찌 이것을 먼저 가르치지 않겠는가.[41]

『동몽선습』은 왕세자 교육에도 활용되었는데, 영조
는 친히 서문을 지어 언해본을 출간하도록 했고, 정조도
원손 시절 이 책으로 공부하였다. 왕이 될 인물이나 일
반인의 아들이나 공부하는 서책이 서로 다르지 않았던
것이다.

수항이 아뢰기를, "원자에게 진강進講할 책에 대해 대신

에게 의논하였더니 마땅히 『동몽선습』부터 진강해야 한다고 하는데 이 책으로 진강합니까?" 하니, 상이 "그리하라" 하였다.[42]

왕세자 서연書筵을 열기 시작했는데 『동몽선습』을 강하였다.[43]

왕세자는 (…) 나이 12세에 『동몽선습』과 『소학』에 통달하였고, 작년부터 『소미통감』을 배워 문리가 날로 진보하였다.[44]

운관芸館(교서관의 별칭)에 명하여 『동몽선습』을 인출하여 올리라고 하였다. 이 책은 바로 중종조에 박세무가 편찬한 것이다. 임금이 그 책이 조리가 있어 비단 어린 이들이 처음 배우는 데에 요긴할 뿐만 아니라 (…) 친히 서문을 지어 한문과 한글로써 경서언해의 사례와 마찬가지로 인출하여 제본·장정하여 올리라고 명하였다.[45]

임금이 『동몽선습』을 외우라고 하니, 원손이 틀리지 않고 외웠다.[46]

大明太祖高皇帝(伊) 賜改國號曰朝鮮
是於時乙 定鼎于漢陽 聖子神孫 繼繼
繩繩(爲) 重熙累洽(舍吧)於戯(羅爲) 我國(伊) 雖時實
萬世無疆之休(舍多)於戯 式至于今(爲尼)
僻在海隅(爲也) 壤地褊小 禮樂法度(叱)
衣冠文物(乙) 悉遵華制(爲也) 人倫(伊) 明於
上(爲古) 敎化(伊) 行於下(也) 風俗(伊) 美(爲也) 侔
擬中華(爲尼) 華人(伊) 稱之曰小中華(是尼羅爲)
玆豈非箕子之遺化耶(五里) 嗟爾小子(應)
宜其觀感而興起哉(庖爲)

丁巳孟冬重刊

童蒙先習終

「동몽선습」 마지막 부분

프다우리나라히비록僻벽호야바닷
모희이셔다히좁고긔나라
이며法법度도와衣의冠관이며文문
物믈을다華화制졔롤조차人인倫륜
이우희붉고敎교化화ㅣ아래行힝호
야風풍俗쇽의아롭다옴이中듕華화
에거긓호야비기너華화ㅅ사롬이일콛
라곰오딕쟈근中듕華화ㅣ라호니이
엇디箕긔子즈의깃틴化화ㅣ아니리
오嗟차홉다너小쇼子즈눈맛당이그
보와놋겨興흥起긔홀딘뎌

童동蒙몽先션習습諺언解히

「동몽선습언해」 마지막 부분

94

김수로한테 『동몽선습』을 가르친 것은 국가 단위로 역사를 논하는 현재의 사고방식과는 다른 보편적 역사 의식을 고취하려고 한 것이었다고 볼 수 있다. 그렇다고 조선인으로서의 정체성이 망실된 역사의식을 추구한 것은 아니다. 『동몽선습』은 중원대륙의 역사에 이어 한 반도의 역사도 서술하고 있으며, 말미에 "조선의 문물 과 제도가 중국의 것을 좇아 풍속이 아름다우니 중국인 들이 조선을 일컬어 소중화小中華라고 한다"라고, 조선에 대한 자긍심을 갖도록 하고 있다.

『동몽선습』과 『동몽선습언해』에 "중국인들이 조선을 일컬어 소중화라고 한다"는 부분을 소개하면 94쪽의 그림과 같다. 우리는 흔히 조선의 선비들이 '소중화'를 자 처했다고 말하지만, '소중화'는 조선의 선비들이 한 말 이 아니라, 중국인들이 조선을 가리켜서 한 말이다.

김수로가 9세에 『동몽선습』을 마치고 나서 접한 책은 『통감』이다. 이는 송나라 휘종徽宗(재위 1100~1125) 때 강 지江贄라는 학자가 사마광司馬光(1019~1086)이 지은 방대 한 분량의 『자치통감』을 간추려 정리한 『소미통감절요』 를 말한다.

『천자문』이든 『동몽선습』이든 『통감』이든, 그것은 문

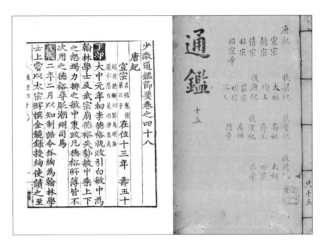

『소미통감절요』제15책의 표지와 첫 장

『당음』의 표지와 첫 장

자 학습과 문리를 깨우치는 것을 겸하면서도 역사인식을 촉구하는 데에 그 목적이 있었다고 볼 수 있다. 조선시대 아동교육에 있어서 그 출발이 기본적으로 역사서 강독 위주였다는 점, 윽박지르는 식의 암기 강요가 아니었다는 점 등은 주목할 만한 사실이다.

또한 김수로는 『통감』을 익히는 도중이나 이전에 『당음唐音』이나 고풍古風, 두시杜詩, 연주시聯珠詩 등 시 학습을 하였고, 『고문진보』도 배웠다. 경전 이해 능력뿐 아니라 문장력 내지 한시 작성 능력도 함께 배양하기 위한 것으로 보인다. 이런 시부詩賦·사장詞章 학습은 『소학』이나 사서·삼경을 배우는 동안에도 마찬가지로 곁들여 이루어졌다. 경학 공부 이외의 이런 학습은 여럿이 함께 모여 공부하는 하과夏課와 관련이 되어 있다.

김수로는 아비한테 배우는 가내家內 학습 이외에 향촌 공동체에서 시행한 집체 학습에도 참여했는데 하과가 바로 그것이다. 대개 5월 초순부터 7월 초순까지[47] 주변 학동들이 일정한 장소에 모여 함께 학습하는 것이다. 김수로가 11세 되던 해부터 이런 하절기 집체 학습에 대한 기록이 시작되어 상당 기간 지속되었다. 그 장소는 인근에 위치한 수청재水淸齋,[48] 두릉정사杜陵精舍,[49] 법물서숙法勿書塾,[50] 평지서숙平地書塾[51] 또는 민가[52] 등을 활용했던 것으로 보이며, 함께 공부한 동료들을 동번同番이라 칭했다. 자세한 교육과정은 확인할 수 없지만, 하과를 시작하기 직전에 얼마간의 준비를 하거나 하과를 마친 뒤에 일종의 복습을 한 내용을 보면,[53] 시·부[54] 또는 문장 학습 위주로 공부했던 것으로 추정된다. 이런 공부에는 중요한 구절을 초록抄錄(일부 주요 문장을 베껴 쓰는 것)하는 방식도 빈번히 이루어졌는데, 하과 기간에만 국한되지는 않았다. 이런 초록 작업은 단순히 주요 부분을 발췌해 두는 데 그치지 않고 더 중요한 의의를 갖는 공부 방법이었다.

무릇 글이란 눈으로 보고 입으로 읽는다고 해도 결국은 손으로 써보는 것만 못하다. 대개 손이 움직이면 마음이 반드시 따르게 되므로, 비록 수십 번 반복해서 읽고 외운다 하더라도 한 차례 공들여 베껴 써 보는 것만 못하다. 하물며 반드시 그 요점을 뽑아낸다면, 일을 돌보는 데 자세하지 못했을 때 용납하지 않게 될 것이고, 반드시 그 현묘함을 캐낸다면, 이치를 생각하는 데 정밀하지 못한 경우 용납하지 않게 될 것 아니겠는가? 이

러는 가운데 또한 같고 다른 점을 잘 살펴 의문스런 점을 기록하고, 옳고 그름을 확연히 구별하여 그에 대한 변론을 덧붙일 수 있다면, 앎이 더욱 깊어지고 마음이 더욱 단단해질 것이다. 이상은 용촌(李光地)이 자제들에게 권한, 글을 초록하는 방법이다.[55]

대체적으로 하과 기간에는 거접소(함께 공부하는 곳)에서 시·부와 문장력을 익히고 그 이외의 기간에는 집에서 경학 공부 위주로 학습이 이루어졌으며, 하과가 끝나면(파접罷接) 종종 동번끼리 야유회를 다니곤 했다. 이런 하과가 진행되는 곳에 김인섭은 식사에 필요한 부조를 하였으며,[56] 이따금 방문하여 아들들이 공부하는 것을 참관하기도 하였다. 하과 기간 동안에 아들들이 거접에 일부 불참한 경우가 있었는데, 그 사유는 제사나[57] 농사[58] 신병[59] 등의 경우도 있었지만, 거접에 동참할 준비가 소홀하거나[60] 행실이 불량하여[61] 김인섭이 두 아들로 하여금 참여하지 못하도록 한 적도 있었다.

김수로는 『통감』 공부를 마친 후 바로 『소학』 공부를 시작하였다. 1870년(12세) 윤10월 14일 『통감』 제15권까지 읽은 다음 날부터 『소학』을 읽기 시작했는데,[62] 이후 5차례 반복해서 『소학』을 읽었다. 1차로 『소학』(전 5권)을 모두 읽고 12월 28일 다시 처음부터 읽기 시작해서 총 5차례의 반복 독서를 마친 것이 이듬해 3월 19일이다. 약 5개월에 걸친 이 과정을 정리하면 〈표 1〉과 같다.

나이	시기	관련 기사	소요 기간	
	1870. 윤10. 15	大兒始小學初卷	**보름**	
	11. 1	大兒讀二卷	40일	약 2개월
12	12. 10	大兒盡讀小學二卷	6일	
	12. 16	大兒始四卷	12일	
	12. 28	大兒再讀小學	**열흘**	
	1871. 1. 7	大兒小學三讀	42일	
13	2. 18	大兒小學四讀始	25일	
	3. 14	大兒小學五讀	5일	
	3. 19	畢讀小學 五卷合誦	하루 만에 전 5권 모두 암송	

〈표 1〉 김수로의 『소학』 수학 과정

김수로가 『소학』을 공부한 다음에 접한 것은 『대학』이었다. 사서를 먼저 공부하고 삼경은 사서를 어느 정도 섭렵한 이후에 공부했다.

김수로는 『대학』-『중용』-『논어』-『맹자』 순서로 사서를 공부했는데, 중간에 반복 학습이 첨가되는 과정이 있었다. 김수로의 사서 수학 과정을 정리하여 제시하면 〈표 2〉와 같다.

나이	시기	『대학』	『중용』	『논어』	『맹자』
	1871. 3. 21	始讀大學			
	4. 22	盡讀大學 1卷合誦			
	8. 11		授中庸序		
	8. 13		始治中庸章句		
	8. 27	收大學合誦			
13	9. 26		再讀中庸		
	10. 12, 21, 27		3讀·4讀·5讀		
	11. 2~5		6讀·7讀		
	11. 7		畢讀中庸合誦		
	11. 22	合誦庸·學		始論語1卷	
	12. 3			始論語2卷	
	1872. 2. 10			始論語3卷	
14	8. 9			始語4卷再讀	
	9. 30			再讀論畢	

〈표 2〉 김수로의 사서 수학 과정

14	10. 1~23			3讀·3讀畢(4讀)	
15	1873. 1.6~2.9			5讀·6讀	
	3.13~30			7讀·8讀	
	4. 23			論1·2·3卷合誦	
	4. 27			4·5卷合誦	
	5. 2			6·7卷合誦	
	5. 6~8			1~7권 盡合誦	
	8. 7				始讀孟子
	10.12~23				始7卷·孟再讀
	12.1~28				孟3讀·3讀畢
16	1874. 1. 7~2.15				4讀·5讀
	3. 3~12				6讀·6讀畢
	3. 16, 23, 27				始7讀·8讀·9讀
	3. 30				背誦7卷 未盡1篇
	4. 1				盡誦7篇 講3章皆通
	4. 3			收論語	
	4. 26	畢收論語 始庸學		畢收論語	
	5. 12	畢收庸學 讀杜詩		(13일부터 夏課)	
	7. 13	兒曹罷做 大兒再收中庸			
	8. 26			收論語	

16	9. 30			收論語2讀畢誦	
	10. 30			背誦自1卷至子罕	
	11. 1			自鄉黨至7卷畢誦	
	11. 2~28				收孟子·孟子再讀
	12. 27				背誦孟子至4卷上
	12. 28				受孟子至告子下
	12. 29				盡誦孟子

※『대학』『중용』『대학』『중용』『용·학』『논어』『맹자』『논어』『용·학』『논어』『맹자』
※ 굵은 선은 중간에 하과가 있었다는 표시(이하 같음)

가장 눈에 띄는 수학 방식은 반복 학습과 '단순 → 심층' 학습이다. 김수로는 1개월 만에『대학』을 암송하게 되는데, 두세 번 정도 반복해서 읽으며 내용을 암기하려고 했고 결국『대학』전체를 암송하게 되었다.

『대학』다음으로『중용』을 공부했는데,『대학』의 경우보다 더 긴 기간에 걸쳐 여러 차례 반복해서 읽었다.『중용』을 보름 동안 한 차례 읽은 다음 다시『대학』을 1개월 동안 공부하고 암송하였다. 그리고 나서 바로『중용』을 다시 읽기 시작했는데 40일가량 7차례나 반복해서 읽었고 이어서『대학』·『중용』을 한꺼번에 암송하였다.

『중용』을 한 차례 완독한 뒤에 이어 한『대학』공부는 처음과는 다른 방식으로 이루어졌다. 바로 '단순 → 심층' 학습 과정으로,『소학』학습 과정에서 언급했듯이, 처음에는 반복 독서를 통한 암기에 치중하는 단순 학습이고[讀], 암송을 할 수 있을 정도가 되면 아비 김인섭으로부터 강론을 들으며 수행하는 심층 학습이 이루어졌다. 이 공부 방식은 사서·삼경의 모든 경전을 공부할 때 마찬가지로 적용되었고, 각각의 경전을 모두 암송할 정도가 되거나 그 과정에서 수시로 심층 학습 방식인 경학 공부가 곁들여져 반복되었다.

『논어』(전 7권)를 8번 읽은 다음 7권 전체의 내용을 며칠에 걸쳐 처음부터 끝까지 암송하는 것을 두 차례 하였고 이어『맹자』(전 7권)를 9번 읽은 다음 전체를 암송하였고, 그다음에『논어』심층 학습(24일간)을 시작하였다. 이를 마치자마자『대학』·『중용』심층 학습(16일간), 하과夏課 파접 후『중용』심층 학습(43일간),『논어』심층 학습(34일간) 후 암송(2일간),『맹자』심층 학습(55일간) 후 암송(3일간) 등으로 이어졌다. 이런 과정을 거친 다음에 삼경 공부로 넘어갔는데, 삼경 공부 도중에도 간간히 사서에 대한 심층 학습을 병행하였다.『논어』심층 학습 후 2일간 암송하고 바로 이어서 『맹자』 심층 학습 후 3일간 암송한(12월 29일 종료) 다음, 이듬해 1월 9일부터 『주역』을 읽기 시작하였다.

이렇게 지겨울 정도로 지독한 독서-암송-강독의 과정을 반복한 다음에 삼경 공부로 넘어간 것이다. 이 시기는 김수로가 16세(만 15년 6개월가량)였으므로, 사서를 공부하기 시작해서 삼경 공부로 넘어가기까지 3년 9개월 정도 소요된 셈이다.*

이런 치열한 진학進學 공정功程은 다음과 같은 『중용』의 말씀을 그대로 실천하려고 노력한 것이라고 할 수 있다.

배우지 않을 수는 있으나, 일단 배우자고 나섰다면 능하지 못하면서 그만두어서는 안 된다. 묻지 않을 수 있으나, 일단 질문을 던졌다면 그걸 잘 알지 못하면서도 그만두어서는 안 된다. 생각하지 않을 수 있으나, 막상

---

* 이 소요 기간은 오로지 해당 서책을 공부한 절대 시간을 말하는 것이 아니라, 도중에 질병 등으로 인하여 공부를 중단한 기간까지 포함한 것이다. 처음 익히기 시작해서 다음 단계의 공부로 넘어가기까지의 기간을 의미한다. 이는 『소학』이나 다른 서책의 경우에도 마찬가지다.

생각하고자 나섰다면 그것을 얻지 못하면서도 그만두어서는 안 된다. 분석하려 들지 않을 수 있으나, 분석하자고 덤볐다면 명백하게 밝혀지지 않았는데도 그만두어서는 안 된다. 행하지 않을 수 있으나, 한 번 행하자고 작정했으면 독실해지지 않았는데도 그만두어서는 안 된다. 남들이 한 번에 능能한다고 하면, 나는 백 번을 할 것이고, 열 번에 능한다고 하면, 나는 천 번을 할 것이다.[63]

또한 김수로의 수학 사례는 배우고學 묻는問 학문學問이란 무엇인가를 보여 주는 실제 사례이기도 하다. 『여씨춘추』의 「존사尊師」에 따르면 잘 배운다는 것[선학善學]은 잘 보고[견見] 듣는[문聞] 것이라 했다.[64] 잘 듣는 것이 총聰이요, 잘 보는 것이 명明이다. 총명함이란 잘 보고 듣는 것이다. 잘 보고 듣는 배움을 통해 내 몸에 뭔가를 들인 다음에라야 질문이 튀어 나올 수 있고, 내가 열심히 배운 그것이 왜 중요한지 혹시 거기에 오류는 없는지 따지고 헤아릴 수 있다. 이게 심층 학습이다. 이런 배움과 물음의 길은 삼경 공부에도 역시 계속 이어진다.

삼경은 『주역』-『서경』-『시경』의 순서로 공부했는데,

수학 방식이 사서의 경우와 조금 달랐다. 반복 학습 방식에는 변화가 없었지만, 『주역』·『서경』·『시경』 공부는 처음부터 아비 김인섭의 강론과 함께 학습이 이루어졌다. 이런 사실은 『주역』 공부를 시작할 때의 사정을 적은 것을 통해서 알 수 있다. 김인섭의 집안에 『주역』이 제3권밖에 없어서 이를 먼저 읽기 시작했는데, 제3권을 다 읽자 친척집에서 제1·2권을 빌려다가 김인섭 자신이 「건괘」와 「곤괘」를 하루씩 검토하고 나머지 제4·5·6권도 모두 빌린 다음에 김수로가 제1권의 「건괘」를 읽기 시작했다.[65] 또한 아비 김인섭도 이틀 후부터 10일간 『주역』 제2권에서 제6권까지 살펴보았다.[66] 즉 김인섭이 『주역』을 놓고 아들과 강론하기 위해 미리 준비했다는 것이다. 이는 장남의 『주역』 공부가 처음부터 심층 학습을 해 나아가며 내용을 암기하는 방식을 취했다는 사실을 말해 준다.

그런데 이런 방식은 아비 김인섭에게 더 고된 일이었을 것이라고 추정된다. 김수로가 『주역』을 공부한 과정을 보면, 이렇게 함께 강론해 나아가는 심층 학습 방식으로 5번 반복해서 공부했기 때문이다. 이런 다음 이어지는 암송, 즉 '심층 학습 후 전체 암송'의 절차는 어김없이

나이	시기	『주역』	『서경』	『시경』	『사서』
17	1875. 1. 9	始讀周易 以初二卷未得 始先3卷			
	1. 15	讀易一卷 放學一日			
	1. 23	讀乾卦 (4. 24 혼례)			
	8. 9~11, 10~12,29	收周易·易2讀·3讀			
18	1876. 1. 22~3. 6				收中庸·合誦 庸·學
	3. 9				收論語
	윤5. 7				合誦論語止 2卷
	윤5. 8				受自3至7卷 夕盡誦
	8. 2				收孟子
	10. 21				受大兒合誦 孟子 至夜盡 4卷
	10. 22~23				受5·6卷·盡 誦7卷畢
	11. 9~12. 30	始周易·受大兒易下經卷?三卦 夜分就寢			
19	1877. 1. 7	讀繫辭			
	2. 12	周易4讀始(8월: 지리산 유람)			
	9. 24~10. 7	收易下經 檢細務開看文字·易5讀			
	12. 13~15	合誦周易至上經·受誦下經不盡四卦·受繫辭上下傳 使更 讀一通研究傳義			

19	12. 23, 24, 30		始尙書讀序文·讀堯典·盡讀書2卷 始3卷	
20	1878. 1. 9		始尙書	
	7. 17		收尙書7卷	
	12. 25		朝受長兒合誦書傳自初卷止2卷 午受自3卷至5卷	
	12. 26		朝受自6卷止酒誥 食后自酒誥止梓材 夜受自8卷終10卷	
21	1879. 1. 8~3. 8		始讀詩傳·畢國風及5卷合誦 始6卷	
	8. 7~9. 26		自春後始讀詩8卷·始詩9卷	
	11. 11~12. 29		詩10卷合誦·畢收詩10卷 1讀	
22	1880. 6. 13~14		合誦詩傳受1~6卷·受自7卷至10卷畢誦	
	9. 20~21		背誦詩1~7卷·午前大兒誦詩8-10卷畢	
	9. 22~10. 2, 22	收書傳·受二子詩初·書4卷·再收尙書		
	12. 28, 29, 30		合誦書自1卷止5卷·誦書第6卷至8卷·畢誦書自9至10	
23	1881. 5. 17~19	聽兒兄弟誦易·詩·朝誦易2卷 食后誦上經 午后誦下經 盡日曛畢		
	5. 20	受誦上下繫		
	5. 21		收詩傳	
	윤7. 3, 4, 5		背誦詩止4卷·誦詩止8卷·誦詩9·10兩卷	
	윤7. 10~8. 6			收論語·再收論語
	9. 12			始收孟子 (9월 초 초시 입격)
	11. 6			背誦孟子自初卷至3卷

23	11. 7		夜收書傳	受孟子自 4至7卷畢誦
24	1882. 1. 11			夜合誦庸·學
	2. 10~13		夜柳致遠來 同兒子講七書 夜分散·夜聽兒講七書	

※ 『주역』『용·학』『논어』『맹자』『주역』『서경』『시경』『서경』『주역』『논어』『시경』
『논어』『맹자』『서경』『용·학』

지켜졌으며, 3일에 걸쳐 『주역』을 암송하였다. 아마도
사서 공부를 통하여 경전 독해 실력이 상당 수준 갖춰
졌기 때문에 공부 방식이 달라진 것으로 보인다.

그리고 김수로는 삼경 공부와 함께 사서 심층 학습을
수시로 병행했다. 위의 〈표 3〉은 김수로가 삼경 공부에
진입한 이후 문과에 도전하기까지의 수학 과정을 정리
한 것이다.

김수로는 사서·삼경에 대한 치열한 공부를 상당 정
도 수행하고 난 다음에 문과에 도전하였다. 그는 여타의
과거가 아닌 식년문과에 도전할 의향으로 공부했다고
볼 수 있다. 왜냐하면 식년문과에서 가장 중요한 시험이
회시 초장에서 치러야 하는 7개의 경전(사서 및 오경 중
택 3경)에 대한 구술시험(앞서 살펴본 칠서강)이기 때문이
다.[67]

김수로는 23세가 되던 1881년 가을 대구에서 시행된 식년문과 초시에 응시하였으며[68] 입격하였다.[69] 이후 회시 초장인 사서·삼경에 대한 강경시험에 대비하는 공부를 인근의 친구와 더불어 하였는데, 이 공부에는 김인섭도 참여하여 거들었다. 아비의 지도 아래, 아들이 칠서강에 대비하는 공부를 한 것이다. 김수로가 삼경 공부를 하는 와중에도 사서 공부를 빈번히 병행한 것은 이런 이유도 작용했다고 볼 수 있다.

　　이제, 1881년 문과 초시에 입격한 이후 1894년 4월 마지막 과거가 치러지기까지 김수로가 과거 응시와 관련하여 수학한 일정에 대해 알아보겠다.

　　앞서 잠깐 언급했듯이, 그는 식년문과에 도전할 의향으로 공부했고, 실제로도 오로지 식년문과에만 응시하였다. 소과 관련 시험인 공도회에 나아간 적이 있으나 큰 의미를 두지 않았고,[70] 생원·진사시나 대과 별시에는 단 한 번도 응시한 적이 없다. 1894년 4월까지 증광시나 별시, 정시, 알성시 등 식년시 이외에 각종 과거가 여러 차례 설행되었으나 여기에 전혀 응시하지 않았던 것이다. 김수로가 5차례의 식년문과를 치르는 데에 대비해서 공부를 어떻게 했는지 살펴보겠다.

1 1881년 9월 식년문과 초시에서
1883년 3월 식년문과 회시까지

식년문과는 원래 1882년 봄에 회시가 치러질 예정이었는데, 왕세자 입학·관례·가례로 인해 증광시가 설행됨에 따라 당해년 가을로 미뤄졌다가 다시 이듬해 봄에 시행하도록 연기되었다.[71]

<표 4> 김수로의 첫 번째 식년문과 도전 관련 기사

나이	시기	『단계일기』 수록 내용 개요
23	1881. 9. 12	始收孟子
	11. 6~7	背誦孟子自初卷至3卷·受孟子自4至7卷畢誦 夜收書傳
24	1882. 1. 11	夜合誦庸·學
	2. 10	夜柳致遠來 同兒子講七書 夜分散
	2. 12	兒兄弟出宿法坪書室 致遠□

24	2. 13	夜聽兒講七書	
	2. 27	兒兄弟27日入城 大科退行(3. 7 기사)	
	5. 26	送長兒讀隱樂齋(5. 19鳳谷姜生冕鎬負笈讀書隱樂齋)	
	7. 4	上齋宮	送麥米二子(7. 8)
	8. 4	兒自齋宮罷回	送小星齋宮饌物(7. 16)
	11. 2	送長子于道川柳致遠家 讀書*	
	12. 27	下丁太**見子 夕聽講書一通	
	12. 29	兒兄弟連誦始書傳	
25	1883. 1. 3	柳致遠來話向大老去 夕后還入請德世相見 同兒子講七經 夜分罷	
	1. 10	鷄二唱兒兄弟起連誦易 起旣濟終繫辭上下	
	1. 11	夜 德世受講七書	
	1. 14	夜雨 兒又再講七書	
	1. 16	夜 權少友應天來 與兒子再講七書 互有得失 夜分罷去	
	1. 23	夜 德瑞父子來講七書	
	1. 24	長兒與權·柳兩友約會行 裁京中諸書 午后 長兒出宿法塾	
	2. 21	晡時 明俊自京回 見長兒本月十一日早入城翌日書還	

*　김수로는 모친의 병세가 위중하여 하루 집에 다녀간 일 이외에 12월 27
　　일까지 줄곧 유치원의 집에서 공부하였다. 『단계일기』(1882. 12. 6): 朝
　　室憂又重 送星丁太 長兒上來; (12. 7): 長兒下丁太.

**　'丁太'는 김인섭의 거주지인 신등면 아래 신안면에 있는 유치원의 집을
　　일컫는다. "道川柳致遠家"라는 표기로 보아 현재 도천서원(옛 문익점서
　　원)이 있는 인근으로 추정된다. 예전에 문익점서원 아래쪽 지명을 도천
　　이라고 표기한 고지도들이 많다. 『단계일기』(1883. 2. 3): 下丁太野村不
　　遇主 抵致遠家約還.

김수로는 대구에서 치러진 식년문과 초시에 입격하여 귀가하자마자 『맹자』를 공부하기 시작했다(9. 12).[72] 이때 그는 매우 의욕적으로 용맹정진했던 것으로 보인다. 아들이 연일 잠도 자지 않고 무리하게 공부하자 김인섭이 잠을 자도록 억지로 권할 정도였다(10. 23).[73] 11월 6일부터는 평소 해왔던 것처럼 『맹자』 7권의 책을 암송하기 시작하여 그 이튿날 완료함으로써 『맹자』에 대한 복습을 마무리한 다음 그날 밤부터는 바로 『서경』 공부를 시작하였다. 이후 연말까지는 김수로의 수학 상황을 말해 주는 기록이 보이지 않는다. 그것은 11월 12일 동생의 부인이 병환으로 사망하고,[74] 김인섭의 장녀 혼례식을 치르는[75] 등 집안 대소사가 있었기 때문이다.

비록 『단계일기』에 나타나 있지는 않지만, 이 시기에 김수로는 나름대로 공부를 계속하여 이듬해 2월로 예정되어 있는 식년문과 회시에 대비하는 데(주로 사서삼경 경학공부)에 매진했을 것으로 추정되나, 아마도 순조로운 과정은 아니었을 것이다.

해가 바뀌자 김수로는 1월 11일 『중용』·『대학』을 함께 암송하고 나서, 2월 보름 즈음 회시 참석차 한성으로 출발하기 전까지 칠서강에 매진하였다. 이 칠서강은 김인섭의 참관 아래 집 또는 법평서실法坪書室에서 이루어졌으며, 혼자 공부한 적도 있지만 주로 친구 유치원과 함께 공부하였다. 이렇게 준비하여 상경하였지만 회시가 연기되는 바람에(나중에 이듬해 봄으로 재차 연기) 헛걸음만 하고 돌아온다.

연기된 회시에 대비하는 공부는 이전과 상당히 다른 양상을 보였다. 은락재·향교·유치원의 집 등에서 친구들(姜冕鎬·柳致遠·權應天 등)과 함께 공부하였으며, 향교에 거재할 때에는 집에서 쌀과 반찬을 보내주기도 했다. 이 시기에도 역시 칠서강에 매진하였는데, 여기에는 부친인 김인섭뿐만 아니라 부친의 친구인 권덕서權德瑞나 권덕세權德世가 함께 참여하는 경우도 있었다. 이런 준비 과정을 거쳐 권응천·유치원과 함께 상경하여 회시를 치렀으나 급제하지 못했다.

2 1884년 9월 식년문과 초시에서
1885년 3월 식년문과 회시까지

    김수로가 집을 떠나 별도의 장소에서 수학하는 방식
으로 바뀐 뒤에는 어떤 공부를 했는지 구체적으로 알 수
없다. 서로 떨어져서 지냈으므로, 김인섭의 일기에 아들
의 수학 내용이 기록되어 있을 리 없기 때문이다. 즉 이
후의 『단계일기』 기록은 김수로가 공부하는 데에 어떤
후원을 했는가를 보여 주는 정도의 것 또는 수학 상황에
대한 간단한 내용인데, 이런 기록도 식년문과의 시행 즈
음에 집중되어 있다. 그래서인지 초시나 회시 시행 기간
과 먼 시기의 김수로의 수학 기록은 보이지 않는다.

    김수로가 1884년 가을에 달성(대구)에서 시행된 식년
문과 초시에 입격하기 전에 특기할 만한 일은, 김인섭이
1883년 11월에 자식들이 공부할 곳으로 자그마한 거처

를 마련해 주었다는 것이다. '독서소'가 바로 그것인데, 김인섭도 가끔 이곳에 함께 머물곤 했다.[76]

김수로가 초시에 입격해서 돌아온(1884. 9. 12) 뒤에는 성재암에서 공부했는데[77] 간혹 집에 다녀간 적이 있기는 하나 연말까지 거의 이곳에서 지냈으며,[78] 집에서 쌀과 반찬, 의복 등을 보내 주었다.[79] 기록이 많지는 않지만 여전히 식년문과 회시의 초장인 칠서강에 공들인 흔적이 엿보인다.[80] 1885년에는 법물서숙에서 공부하다가[81] 회시 참석차 상경하였는데 동생 기로가 동행하였다.

그런데 동행한 동생의 건강이 심하게 나빠지는 바람에 김수로는 회시의 초장도 치러보지 못하고 귀향하였다. 김수로가 보낸 3월 10일자 서신으로 동생이 아프다는 사실이 부친한테 전해졌고,[82] 이틀 뒤에 보낸 편지로 병세가 더 심해졌다는 연락이 오자 김인섭은 차남이 잘못되는 것은 아닐까 걱정하여 밤잠을 이루지 못했다.[83] 이런 사정 때문에 회시 초장이 시행될 즈음[84] 동생이 먼저 집으로 출발하였고(3. 26) 곧이어 김수로도 동생 뒤를 따랐다.[85] 칠서강을 치르는 것을 포기하고 동생과 함께 귀향하기로 한 것인데,[86] 동생의 병세가 워낙 심했던 모양이다. 과천에서 묵었던(3. 27) 여관 주인의 도움으로 관음소사(觀音蕭寺)에서 병 조리를 하다가 형제가 잘 돌아왔지만(4. 15), 동생은 바로 집으로 가지 않고 인근 율곡사에 더 머물도록 할 정도였다.[87] 이렇게 두 번째 도전한 과거에도 성공하지 못하였고 다음 식년시를 기다리게 되었다.

3 1888년 3월 식년문과 회시

　김수로는 1884년 9월에 식년문과 초시에 입격한 자격으로 1888년 3월 식년문과 회시에 응시했다. 1885년 동생의 위급한 병환으로 말미암아 회시에 나아가지 못하게 되자 다음 식년시 회시까지 초시 입격의 효력을 유지하는 진시장陳試狀을[88] 받아 두었기 때문이다.[89]

　1888년 3월 식년문과 회시를 위한 준비는 1887년 10월 10일 율곡사에서 시작되었다. 용홍에 사는 허 씨 성을 가진 유생과 함께 공부하였으며[90] 전에 함께 공부했던 유치원도 종종 강서講書에 합류하였다.[91] 이때도 공부하는 곳에 곡식과 반찬을 보내 주었고[92] 서책도 갖다 준 것으로[93] 보아 가급적 집으로 왕래하지 않으려 했던 듯하다.

이번에도 역시 칠서강에 주력하였는데(간혹 김인섭이 시험관 역할을 함), 해가 바뀐 이후 한성으로 길을 떠나기 직전까지 집중적으로 이루어졌으며, 인근에 사는 유생들이 함께 참여하기도 했다.[94] 이런 준비 과정을 거치고 친지들로부터 노자 부조금까지 받아가며 2월 12일 한성으로 출발하여[95] 3월 26일 회시를 치렀으나[96] 용꿈을 꾸어 급제를 기대한 부친의 바람과는 달리 낙방하였다.

4 1891년 식년문과

　1891년 식년문과의 초시는 1890년 가을에 치러질 예정이었으나 신정황후 상으로 이듬해 봄으로 연기되었다가[97] 다시 가을로 연기되었고, 전시는 1891년 11월 11일 시행되었다.[98] 경상도의 경우 『단계일기』에 적고 있듯이 초시가 8월 6일 의령에서 열릴 예정이었는데,[99] 김수로는 이보다 앞서서 7월 22일 과거를 치르러 한성으로 출발하였다.[100] 연유는 헤아릴 수 없지만, 그는 의령 향시가 아니라 한성에서 시행된 초시를 보려고 한 것 같다.[101]

　어쨌든 다시 돌아온 식년시에 대비하여 과업科業을 시작한 것은 공교롭게도 지난번과 마찬가지로 10월 10일이었으며 두릉정사에서 다른 유생들과 함께 공부하였다.[102] 12월 20일 두릉정사에서 철수하기까지 2개월 10일 동안, 동생의 생일 회식을 함께하거나 필요한 서책과 찬물을 가지러 집을 다녀가기는 했지만[103] 대체로 줄곧 이곳에서 지냈다.

해가 바뀐 다음 과업은 막냇동생의 관례와 혼례를 치르고 나서 6월 5일부터 이루어졌는데 장소는 예전에 하과를 할 때 기거한 적이 있는 수청재였다.[104] 여전히 예전처럼 옷가지나 먹을거리, 서책 등을 보내 주었고,[105] 이전과 마찬가지로 간혹 부친이 김수로의 강경에 대해 평가하였다.[106] 이렇게 1개월 보름 정도 지내고 수청재에서 철수하자마자 바로 다음날 한성으로 출발하였는데,[107] 이번에는 본인의 건강이 급격히 나빠져서 한성 초시를 치르지 못하였다.

김수로가 과거 응시를 위해 상경하는 도중이나 체재하는 동안에는 통상 부친한테 서신을 보냈는데, 이번에는 그러지 못했다. 그래서 김인섭은 몹시 걱정하였다.[108] 아니나 다를까 김수로의 건강이 나쁘다는 전갈을 받게 되었고[109] 꽤 오랫동안 앓았다는 사실을 알게 된다. 즉 한성에서 내려온 이가 전한 바에 따르면 8월 5일 한성에 도착했는데 8일부터 16일까지 병을 앓았다는 것이다.[110] 과거 시행 당일까지 일주일 내내 앓았으니 한성 초시에 나아갈 수 없었고, 9월 4일 마중나간 가족들의 부축을 받으며 귀가하였다.[111]

5 1893년 식년문과 초시에서
1894년 4월 식년문과 회시까지

마지막 과거와 관련된 『단계일기』의 기사는 매우 소략하다. 달성(대구)에서 시행된 식년문과 초시에 입격하여 1893년 9월 15일 귀가한[112] 후 연말까지 어디서 어떻게 공부했는지 기록이 전혀 없으며, 1894년에 박명거 朴明擧의 집에서 사서·삼경을 다섯 차례 반복해서 공부한 후 2월 2일 철수했다고만 적고 있다.[113] 이틀 뒤 눈비를 맞으며 배웅하는 아비를 뒤로 하고 친척 동생 및 박명거와 함께 한양으로 출발했다.[114]

김수로가 남긴 『서행일록 西行日錄』을 보면, 집을 나선 이후 한양에 도착하기까지의 경로와 체류 기간 동안 행적이 자세히 기록되어 있다. 이동하는 도중에도 틈틈이 삼경 공부를 했으며, 칠서강을 치르기 이전까지 경전 송

독誦讀과 모의 칠서강을 반복했는데, 다른 응시자들과 함께 모의 칠서강을 한 경우가 많았다.

이렇게 치열하게 준비해서 과거시험에 참여했지만, 마지막 과거에서도 김수로는 급제하지 못하였다. 1894년 갑오경장으로 전통적 방식의 문관 임용고시가 변경되지 않았다면, 김수로는 기어이 문과에 급제했을 것이라고 생각하지만 부질없는 짐작이 되고 말았다.

『천자문』으로부터 시작하여 『동몽선습』·『통감』·『소학』 등을 거쳐 사서·삼경을 숙달한 뒤에 문과에 도전하기까지 김수로의 약 16년 동안의 성장 과정을 주도한 인물은 바로 아비 김인섭이었다. 염두에 두어야 할 사실은 김인섭 집안이 결코 부유하지 않았다는 점이다. 김인섭이 과거에 급제할 즈음에는 가난을 면치 못하는 매우 곤궁한 처지였고, 이후에 농업 경영을 착실히 하여 가난에서 벗어났다고 하더라도 오늘날 중산층 정도에 머무는 경제력을 갖고 있었을 뿐이다.[115]

이런 집안에서 16세에 사서를 섭렵하고 이어서 삼경까지 곁들여 두루 익힌 다음(동시에 시·부와 문장 실력도 갖추고) 23세에 식년문과에 도전하는 아들을 길러냈다는 사실은 시사하는 바가 있다.

우선 16세, 즉 요즘으로 치면 고등학교 1학년 정도가 되었을 때, 틈틈이 농사일을 거드는 형편에 있으면서도 사서를 섭렵하는 것이 가능했다는 점이다. 이는 당시의 경전을 읽어 나아가는 순서나 공부 방식이 나름대로 효과적이었음을 말해 준다. 학습해야 할 대상에 따라, 학습자의 수준에 따라 방식을 달리하는 수업이 이루어졌고, 반복 학습이 효과적으로 작용하도록 단순 반복과 '심층 학습 후 암송'의 반복을 지속적으로 번갈아 시행하였다.

이런 과정은 막무가내로 밀어붙이는 식의 혹독한 훈련이 아니었다. 책 한 권을 마쳤을 때나 연초에는 방학 기간을 주었고, 여럿이 함께 공부하는 하과를 마친 뒤에는 동번들과 함께 인근 명승지인 정취암淨趣菴을 찾기도 하였으며, 부자가 함께 지리산을 유람한 적도 있다. 이 외에도 연날리기나 물고기 잡이(천렵川獵) 등도 즐겼는데, 이런 여유를 가졌던 것과 함께 우리가 주목해야 할 점은 저들의 부지런함과 겸손함이다. 아직 웬만한 수준에 미치지 못했다는 겸손함을 가지고 부지런히 배우려는 자세와 실천이 없었다면 같은 책을 무던히도 반복해서 공부하는 역정은 불가능했을 것이다.

과거 응시자들은
어떤 사람들이었을까?

앞에서 살펴본 바와 같이 합격하기에 까다롭기 짝이 없는 과거시험, 그러기에 그 시험에 합격하려고 지독하다 싶을 정도로 고단한 과정을 감수하면서 공부하고 과거에 도전했던 응시자들은 어떤 부류의 사람들이었을까?

만약에 과거제도가 일부 특정 계층에만 허용된 것이었다면, 과거제도로 관인을 선발하는 과정이 제아무리 합리적이고 타당하더라도 이런 제한에 저촉되는 계층에게는 과거제도가 무의미하므로 국가고시의 위상을 가졌다고 볼 수 없다. 천민을 제외한 모든 계층의 인원이 참여하는 공개경쟁open competition 시험이 아니라, 일부 특정 계층의 인원들만 참여하는 제한경쟁limited competition 시험이기 때문이다.

현재 통상적 인식에 따르면, 대과·소과에 응시할 수 있다고 인정되는 부류는 양반가의 자제뿐이다. 양인의 경우 과거에 응시하는 데에 법제적 제약이 없었다는 부거권赴擧權(과거 응시 권한)을 인정하면서도, 여러 가지 실제적인 조건 때문에 사실상 양반가의 자제 이외에는 대과·소과에 도전하는 것이 거의 불가능했다고 보고 있다. 이런 일반적 통념은 과연 올바르게 확인된 사실인가? 과거 응시 자격에 대한 이해에 혼선을 빚은 이유는 그 자격에 대한 명확한 규정이 없다고 보고 있기 때문이다. 그러나 조선시대 과거 응시와 관련하여 그 자격 규정이 밝혀져 있지 않다고 보는 것은 불찰의 소산일 뿐 사실이 아니다.

문·무·생원진사과 응시 자격에 대한 명확한 규정이 중종조(중종 38, 1543)에 반포된『대전후속록』에 들어 있다. "흠결(흔구痕咎)이 없는 양인良人은 문과·무과·생원진사시에 나아갈 수 있다無痕咎者 許赴文·武科·生員·進士試"고 분명히 규정해 놓았다.[116]

과거 응시 자격 논쟁에서 주요 쟁점은 "과거 응시가 허용된 사람들은 어떤 계층에 속한 사람이었는가?"였다. 과거제도가 원리적으로는 능력주의 원칙에 입각한 개방성을 가지고 있었으나 이런 원칙과는 달리 실제로는 폐쇄적으로 운영되었다고 주장하든, 법과 원칙에 위배됨 없이 실제적으로도 개방성을 띠고 있었다고 주장하든, 그것은 모두 사회계층, 그것도 신분층으로서의 집단 분류에 따라 과거 응시 가능 여부를 가리려는 논쟁이었다. 이런 현상은 어쨌든 조선조 사회의 속성을 신분 개념으로 풀이하려는 종래의 학문적 관행으로부터 자유롭지 못했던 데에서 기인한 것으로 보인다.[117]

부거권과 사환권仕宦權(관리로 나아갈 수 있는 권한)의 인정 기준은 무엇인가? 양반이냐, 양인이냐, 중인이냐 등을 기준으로 그 권한을 부여하거나 배제한 것이 아니라, 본인과 선대先代의 범금犯禁·흔구痕咎 여부를 기준으로 그 권한을 부여하거나 배제한 것이다. 이런 기준으로 과거에 나아가느냐 여부를 판가름했다는 것은 실록 기사에 명백히 나타나 있다.

예문봉교 정난종, 성균박사 정자청, 교서랑 조서정 등이 상소하기를, "(…) 신 등이 생각해 보건대 조선조에 들어서서 문·무 양과를 설치하여서 많은 선비들을 뽑았지만, **무릇 과거에 응시한 사람들이 만약 앞 세대에 흔구가 있거나, 만약 자기 자신이 죄를 범하였거나, 만약 파계가 서얼에 관련되거나 하면, 그 가계가 비록 훈공의 대관이라 할지라도, 그 재주가 비록 준수하여 남보다 탁월하게 뛰어날지라도 모두 과거에 응시할 수가 없었습니다.** 이것은 국가에서 과거의 선임을 중하게 여기고, 적첩의 구분을 엄하게 하는 까닭입니다. (…) **과거 응시자들을 녹명하는 법은 마땅히 그 흔구를 상고하고 그 적서를 변별하고 성가·외가로 파계가 명백하여 의심이 없어야 비로소 시험에 응시하도록 허락합니다.** (…)" 하니, 어서로 답하기를, "하늘이 백성을 낼 때에 본래 귀천이 없었다. 태종께서 이미 허통하셨고, 지금 또 공신이 되어 **영구히 양인이 되는 것을 허락하였으니, 방애될 바가 없을 것**인데, 어찌 본계에 구애하겠는가? 만약 반드시 본계에 구애한다면, 지금 반역하여 종이 된 자도 또한 본계를 추론하여야 할 것이다. 이것은 심히 사리에 통하지 않는 말이므로 내가 취하지 않는 것이다. 나는 사사로움이 없이 대의를 밝힐 뿐이다" 하였다.

「세조실록」 1460. 8. 27[118]

이조와 병조에 전지하기를, "사람 쓰는 것을 마땅히 넓혀야 할 것이니, 가계에 어떤 일이 있었는지 구애받지 말고 난신亂臣에 연좌된 외에 **본인 자신에게 흔구가 없는 자는 막지 말게 하라**" 하였다.

『세조실록』 1466. 윤3. 11[119]

사간원에서 아뢰기를 (…) 과거를 볼 때 사관四館에서 녹명하는 것은, 단지 성명만 기록하는 것일 뿐 아니라, 반드시 **성가·외가와 당사자에게 흔구가 있는지 여부**를 고찰하여 과거 응시를 허가하는 것입니다.

『중종실록』 1537. 8. 2[120]

이런 실록 기사들은 **과거 응시 자격에 대한 사실상의 명문화된 법규상의 규정**과 다를 바 없다고 보아도 좋을 것이다. 이런 의논이 있었기에 앞서 살펴본 『대전후속록』 규정이 마련되었던 것이다. 과거에 응시할 수 있는 자격과 벼슬길에 나아갈 수 있는 부류를 말하는 데 있어서 어떤 집단 분류에 속해 있느냐라는 기준을 가지고 그 여부를 논하고 있지 않다. 제아무리 훈공 대관의 가계에 속한 자라도, 능력이 탁월하여 준수한 인재라고 할

지라도, 흔구가 있거나 죄를 지은 자, 서출 등은 과거에 응시할 수 없다는 데에서 분명히 알 수 있다. 집단 귀속성이 아닌 흔구 여부를 기준으로 하고 있는 것이다.

지금까지 논의한 과거 응시 자격 규정에 상응하는 정책 당국자의 발언을 찾는 것은 그리 어려운 일이 아니다.

> 사헌부에서 아뢰기를 (…) **이미 평민이 되면 과거든 벼슬길이든 나아가는 데 막힘이 없게 됩니다.**
>
> 『광해군일기』(정족산본), 1614. 7. 16[121]

> 비변사 회계에 (…) **양인이 되는 것을 허가하였으므로 그들은 과거나 벼슬길이 모두 트였습니다.**
>
> 『광해군일기』(정족산본), 1614. 7. 16[122]

예조에서 작성한 『과시등록』 기사를 보더라도, 양반 자제는 물론 양인도 소정의 기준을 통과한 자라면 학적學籍을 보유하고 과거에 나아갈 수 있었다는 사실을 확인할 수 있다.

각 지역의 수령들에게 명하기를, 향교 유생·서원 유

생·무소속 유생 가릴 것 없이 40세 이하라면, **양반의 자제인 경우**『대학』·『소학』과 『송감末鑑』에 통通의 성적을 받는 자, **평민인 경우**는『사서』·『소학』에 통通의 성적을 받고 시詩·부賦·논論·의疑를 성편成篇할 수 있는 자는 교적校籍에 등재될 수 있다. (…) 또한 교적은 수령이 3건을 직접 작성하여 예조와 감영에 보내고 1건은 관아에 보관한다. (…) 관찰사가 순행할 때 수시로 고강考講(구술시험)·제술製述(작문시험)을 시행하여 실력이 못 미치는 자가 교적에 들어 있다면 수령과 재임을 처벌하며, **과거에 응시하려면 그 이름이 교적에 등재되어 있어야 한다.**

『과시등록課試謄錄』 제1책, 1647. 6. 28[123]

또한, 실학자라고 알려진 유수원柳壽垣(1684~1755)도 양인의 부거권을 다음과 같이 적극적으로 명기하고 있다.[124]

양인 자제는 나라에서 본래부터 과거를 볼 수 있도록 하였다.

『우서迂書』 권2, 「논학교선보지제論學校選補之制」

양인은 하늘이 낸 백성天民이다. 참으로 재주와 덕망이 있다면 위로는 육경六卿·재상과 아래로는 백집사가 모두 그 인물의 직책이다. … 양인이란 비록 관직자는 아니지만 **본인이 흔구가 없고 이에 연루되거나 구애될 것이 없는 평민**을 말한다. (…) 이른바 **양인이란 공경 이하의 자손과 평민**을 가리키는 말이다. 사족이라고 해서 관직을 가지고 높은 데 있다고 자처하지 않았고 양인은 초야에 묻혀 있다고 부끄러워하지 않았다. 때가 오면 관직에 나아가고 그렇지 않으면 제 분수에 맞게 살아 편안하여, 지위의 고하나 우열을 가려 깔보고 업신여기려는 폐단이 조금도 없었다.

『우서迂書』 권9, 「논사서명분論士庶名分」

심지어는 '천인 → 양인 → 관인'의 가능성을 전제로 한 정책이나, 본래 천민이었다가 면천종량 이후 문과에 급제한 실사례도 찾아낼 수 있다.

임금이 하교하였다. "이 추쇄도감을 설치한 것은 1백여 년 동안 거행하지 못하던 일을 다시 닦아 거행하려는 것이다. 필시 그간에 숨기고 빠뜨려서 **양인에 들어간**

자가 많을 것인데, (…) 생각건대 **여러 세대 동안 빠진 자들 가운데에는 혹 과거에 급제하고 사마시에 입격한 자가 있을 것이다.** 그렇다면 본조에서는 문·무 두 과를 중하게 대우하고 급제한 사람도 모두 이것을 스스로 자랑하는데, 하루아침에 갑자기 천적에 환속시킨다면 불쌍하지 않겠는가. (…) 차라리 국가의 공천을 잃더라도 차마 우리 백성에게 유리하여 시름하고 탄식하는 괴로움을 겪게 할 수 없다. 도감을 시켜 그 **조부부터 혹 문과나 생원·진사시에 급제·입격하여** 이로써 그 아들과 손자가 모량하고 있는 자는 특별히 널리 탕척하는 법을 써서 그대로 양인이 되는 것을 허가하라. 그 **아비부터 비로소 문과나 생진시에 입격·급제하여** 이로써 그 아들이 모량하고 있는 자와, 혹 그 아비와 조부가 숨기고 빠뜨려서 **모량하고 있더라도 미처 급제하지 못하고 그 손자가 비로소 출신하였거나 생원·진사가 된 자**는 모두 대속하도록 허가하라. 여자도 다 남자와 같이 하라. 그 외는 논하지 말고 법대로 하되, **3대 이상 급제한 경우일지라도 반드시 자수한 뒤에야** 위와 같이 시행하고, 자수하지 않고 혹 진고나 추핵으로 말미암아 드러났으면 모두 의논 없이 천적에 환천하여 나라의 기강을 바르게 하라."

『효종실록』, 1655. 2. 18[125]

이 기사는, 양인은 물론 천인까지도 양인이라고 속이고 과거에 나아가 입격·급제한 사례가 있었을 가능성을 전제로 한 논의로, 양인 응시 자격 시비와 실제적인 응시·급제 여부를 분명히 가려줄 수 있는 기사다. 또한, 양인의 입격·급제 사례가 결코 희소하지 않았을 것이라는 점도 추정할 수 있다.

이 기사 내용은 명종조 이후 100여 년 만에 실시하는 노비추쇄에서 그 오랫동안 천인으로서 양인을 모칭하여 입격·급제한 사례가 있을 수 있으니, 이들에 대한 처리 지침을 정한 것이다. 이는 1787년(정조 11)에 편찬된 『전율통보』에도 올라 있다.[126] 여기에 정한 규정에 따르면, 공천이 모량하여 조부·아비 2대가 계속하여 출신·생원·진사이면 그 자손은 대속代贖없이 그냥 양인이 되게 하고, 부친이 모량하여 출신·생원·진사이거나, 또는 모량하는 아비·조부에 등과자가 없지만 당사자가 출신·생원·진사인 경우에는 대속代贖하여 양인이 될 수 있도록 하였다.[127]

천인 출신이었으나 문과에 급제한 인물도 몇몇 검출된다.* 현재까지 확인된 바로는 면천종량 이후에 과거에 도전하여 급제한 사례, 면천 여부가 분명히 확인되지 않는 자의 급제 사례, 심지어 천인 당사자가 양인인 척속이고 응시하여 급제한 사례마저 있다. 강문우, 반석평·양극선, 이만강(성명을 엄택주로 바꿈) 등이 그들이다.

강문우(?~?)는 1558년(명종 13) 별시문과에 급제하였는데, 본인 당사자가 천민이었다가 면천된 신양인新良人이었다.[128] 그는 화담 서경덕(1489~1546)의 문인이었고 교리校理를 지냈으며 우의정을 지낸 심희수(1548~1622)의 어릴 적 스승이기도 했다.[129]

사노비였던 반석평(?~1540)은 1507년(중종 2) 식년문과에 급제했으며(1504년 식년시 생원), 관찰사(전라·평안), 참판(예조·호조), 판서(공조·형조), 지중추부사 등을 두루 역임했는데, 반기문 전 유엔사무총장의 중시조다. 역시 사노비였던 양극선(1575~?)은 1606년(선조 39) 식년문

---

* 천인 출신 무과 급제자는 훨씬 더 많다. 1637년 시행된 정시의 무과 급제자 가운데 10% 정도인 564명이 천인이었다가 면천免賤된 인물이었다. 정해은(1999), 「병자호란기 군공 면천인의 무과 급제와 신분 변화─『정축정시문무과방목』(1637)을 중심으로」, 『조선시대사학보』 9.

과에 급제했고 목사(공주·여주), 군수(고부·홍해), 청송부사 등을 역임했다. 이들 둘은 천인의 처지를 벗어나 양인으로서 과거에 도전하여 급제한 것으로 추정되나 면천 사실이 사료로 확인되지 않은 인물이다.

이만강(1689~1755)은 전의현의 관노비였으나 다른 곳으로 도주하여 성명을 엄택주로 바꿔 천인의 처지를 속이고 문과에 도전하였는데, 1725년(영조 1) 증광시에 급제하고(1719년 증광시 생원) 현감으로 지내다가, 양인이라고 속이고 과거에 응시하여 급제한 사실이 발각되어 흑산도의 관노비로 환천還賤(다시 천민이 됨)되었다.[130]

노비추쇄 규정에서 천민조차도 양인을 모칭하여 문과나 소과에 입격·급제한 사례가 있을 가능성을 말하고 있고, 천민이 면천종량하여 문과에 급제한 실제 사례가 있는 것을 볼 때, 천계 혈통에 연루되지 않은 양인이 과거에 나아가거나 급제하는 사례가 희소했을 것이라고 추정하는 것은 타당치 않다.

한영우의 연구(『과거, 출세의 사다리』, 2013)에 따르면, 『문과방목』과 각종 족보를 조사·분석하여 조선시대 전체 문과 급제자 14,615명 가운데 한미한 가문 출신자가 5,221명(35.7%)임을 밝혀냈다. 그는 "그동안 문과 응시는 양반만 가능했다는 잘못된 선입관을 가지고 있었다" 면서 "조선시대 벼슬로 나가는 길은 매우 넓었으며, 노비를 제외한 사람들은 벼슬길에 나가는 데 신분적 제한이 없었다"고 주장하였다.

이런 그의 주장을 뒷받침하는 가장 결정적인 증거는 문과 급제자 가운데 103명이 자기 성관姓貫의 중시조가 된 인물들이고, 자기 성관에서 단 1명만 급제한 자가 333명(중시조와 중복된 인물 있음)이며, 이들 중에는 중국과 베트남 등지에서 귀화한 집안의 인물이 포함되어 있다는 사실이다.[131] 조선시대 들어와서 시조가 등장했거나 단 1명만 급제자를 내었다면 그 이전의 조상 가운데 벼슬아치가 없었음을 말해 준다. 또한 귀화한 가계의 인물이 조선조 양반가의 일원이었을 리 없다. 이들 성관의 현재 인구(2000년 기준)는 작게는 몇 십 명에서 많아도 몇 천 명에 불과한 희성이다.[132] 한영우는 다양한 실증적 분석을 통하여 **조선시대 문과 급제자는 당시 거의 대부분의 성관에서 배출되었다**고 추정하였다.[133]

과거제도에 대한 오해는 조선시대 교육제도에 대한 몰이해와도 관련되어 있다. 종래의 통설에 따르면, 양반의 이해관계로 인하여 조선조의 과거제도와 교육제도가 유리되어 운영되었다든가,[134] 과거제도가 교육제도와 연계하는 데에 실패했다고[135] 간주하고 있으며, "조선조의 교육은 사회에 통일을 부여하는 것이 아니라, 역으로 신분이나 사회집단을 구별·고립시키는 수단으로서, 즉 사회를 분리하여 통치하는 수단으로서 기능했다"는[136] 주장도 있는데, 조선시대의 과거제도와 학교제도에 대한 부정확한 지식, 근거 없는 전제가 빚은 오해일 뿐이다.

해방 이후에 등장한 조선시대 교육기관에 대한 이해를 살펴보자.

> 조선 중엽 이후로 향교는 교육기관으로서의 기능을 잃고 문묘제사의 형식만 남아 쓸데없는 빈 껍질만이 한 마을에 한 개 꼴로 있어 고종이 갑오개혁을 한 뒤에까지 지속되었다. (…) 서원의 폐해를 일괄하면, 一. 향교의 학생이 서원으로 옮겨 가기 때문에 향교가 쇠퇴하는 원인이 되었다. 二. 적당한 사장이 없기 때문에 모여서 놀고먹기를 일삼는 일이 많았다.
>
> 이만규, 1947, 『조선교육사 I』[137]

향교는 이조 초기에 있어서는 국왕의 적극적인 문교 장려정책의 결과로 1읍1교一邑一校 정도에까지 보급되었으나, 이조 중엽을 거쳐 그 말기에 이르렀을 때는 이미 교육기관으로서의 기능을 잃고 있어 학교로 생각할 수는 없었다. (…) 이와 같이 좋은 의도로 출발하여, 한때는 지방 문화와 교육의 중심이 되어 적지 않은 역할을 담당했던 향교도, (…) 이조 중엽부터는 점차 쇠퇴하기 시작하여, 그 말기에 이르러서는 완전히 교육기관으로서의 기능을 잃게 되고, 오직 제사기관으로서 남아 있게 되었다. (…) 서원에 따라서는 자격 있는 스승이 없었기 때문에, 지방의 청년 자제들이 모여 학문의 연수보다도 잡담과 놀이로써 일을 삼았다. (…) 19세기 중엽에 접어들어 그 말엽을 향하여 가는 동안의 서원은 교육기관으로서의 기능을 다분히 상실하게 되고, 왕년에 누렸던 명성은 땅에 떨어져 있었다.

오천석, 1964, 『한국신교육사 上』[138]

조선조의 학교에 대한 비난에 가까운 이런 어처구니없는 평가는 사실 아래에 소개하는 일본인들의 몰지각한 빈정거림을 고스란히 옮겨 놓은 것이다.

그러나 당시(선조대)에 이미 향교의 교육은 유명무실하게 되었다. (…) 그 후 조선의 각지에 서원이 무더기로 세워져 서원이 없는 고을이 거의 없을 지경이 되었는데, 그곳은 부근의 유생들이 모여서 시정의 득실을 논란하고, 향사, 즉 선현에 대해 제사를 지내는 일 외에는 교육상 거의 공헌하는 바가 없었다. 그러니까 이조의 융성기에 이르러 이미 지방의 학교, 즉 서당과 태학의 중간기관인 향교는 유명무실하여 그 기능을 상실했는데, 그 안에 세워져 있는 문묘에 대한 제사는 초하루·보름에 분향례를 지내고 봄·가을에 석전제를 성대하게 지내는 등 단지 제사를 지내는 기관으로서 유지되었을 뿐이다.

高橋亨, 1920, 『朝鮮の敎育制度略史』, 朝鮮總督府學務局[139]

이조의 향교는 선조 이전에 이미 교육의 내실을 상실한 것이 확실하다. (…) 유생은 모두 향교를 떠나 서원으로 몰려들었는데, 강학과 수도修道에 힘쓰지 않고 놀고먹으며 논란을 일삼는 무리가 되어 중앙정계의 붕당과 표리가 되어 조정의 정치를 비난하고 심지어는 서원을 근거로 서민을 괴롭히는 등 그 폐해가 백출하는

데 이르렀다.

小田省吾, 1924, 「朝鮮敎育制度史」, 「朝鮮史講座, 分類史」, 朝鮮史學會[140]

한때는 각 지방에 두루 보급되어 융성하게 될 것 같았지만, 임진란 이후 누차의 병란을 겪음에 따라 향교는 극도로 황폐해졌는데, (…) 이조 중세 이후에는 점점 교육 기관으로서의 기능을 잃어버리게 되고 단지 문묘에 대한 제사만은 성대하게 행해졌다. (…) 요컨대, 서원의 특색은 충분히 인정할 수 있지만, 우리가 폐해로 생각하지 않으면 안 될 점은, 첫째, 서원은 결국 향교보다도 융성해져서, 향교의 유생도 서원에 몰려들어 다수가 모였지만 적당한 지도자가 없었기 때문에 강학과 수도修道는 하지 않고 무리지어 놀고 떠들고 먹고 마시기를 일삼는 자가 많았다는 사실. (…)

高橋濱吉, 1927, 「朝鮮敎育史考」, 京城: 帝國地方行政學會 朝鮮本部[141]

조선 후기 서원·향교에 대한 이런 평가는 조선의 교육 및 사회에 대한 일제의 강점 통치를 정당화하려는 일본인의 저술에 등장했던 것으로, 조선에는 이미 학교다운 학교가 없으니 일제에 의한 제반 조치가 취해지지

않으면 조선은 나라다운 나라가 될 수 없다는 기만적
논조에 등장한 조선 후기 서원·향교상이 마치 일반적
인 통설인 것처럼 자리 잡아 버린 것이다. 일제에 의한
강압적 무단 점령기를 거치는 동안에 암암리에 조장되
고 수용된 통념이 해방 이후까지 그대로 답습되어 왔다
고 볼 수 있다.

우리의 자화상에 부끄러운 면이 있다면 바로잡아야
한다. 그러나 우리의 역사가 부끄러웠던 탓이기보다는
그 역사에 대한 우리의 앎과 인식이 부끄럽고, 제대로
알고자 하는 노력이 부끄러운 수준이기 때문에 나타나
는 왜곡된 자화상이 있지는 않은지 반성적 검토에 매진
하는 것이 우선이다.

우리 자신의 내력, 사실은 내 삶을 하나하나 지배하
고 있는 것이나 다름없는 유교문명의 질서에 대해 알고
자 하는 관심과 의욕이 어느 정도인가? 우리는 조선조
의 인재 양성(교육제도)과 인재 선발(과거제도)의 원칙과
실상에 대해서 그리고 그 주요 기반인 유교의 가르침에
대해 절실히 깨닫고 그 느낀 바를 다른 사람에게 열렬
히 토로하여 공감을 이끌어 낼 수 있을 정도로 공부하
고 있는가? 한국에서 태어나 자랐다고 해서 별다른 노

력 없이 이 땅의 역사와 문화적 속성을 바르게 알 수 있는 것은 아니다.

과거제도가 갖는 핵심적 의의는, 혈통적 귀속 요인보다 성취적 업적 요인을 존중하는 사회 질서를 꾸준히 유지하도록 하는 사회적 힘을 마련해 주었다는 데에 있다. 조선조 사회가 동일한 정치체제와 사회구조, 문화적 성격을 500여 년 유지했다는 것은 부정할 수 없는 사실이다. 500여 년의 역사가 지속되었다는 것은 그것을 가능케 한 사회적 힘이 있었기 때문일 것이다. 이 사회적 힘은 과거제도에서 비롯되었다고 할 수 있고 교육제도와 연계되어 있다. 과거제도가 있었기 때문에 조선조의 제도 교육은, 사구에서처럼 교육 행위가 신분 귀속적 특권으로 이루어진 것이 아니라, 학문을 닦을 자질이 있고 노력하는 한 개방적으로 참여할 수 있었던 것이다. 개방적 교육 구조를 유지하는 한편 과거 급제라는 유인 체제가 있었기에 유학에 대한 광범위한 교육인구가 있을 수 있었고, 성리학의 확산과 유교 윤리의 정착을 이룰 수 있었다. 중국인들이 조선을 일컬어 '소중화'라는 별칭을 붙인 것은 부러움의 소산이었던 것이다.

과거에 응시할 수 있는 자격은 계층 귀속성을 기준으

로 정해진 것이 아니었다. 계층에 무관하게, 범금犯禁 행위로 인한 공민권 박탈자나 자격 정지자가 아니거나, 도덕적 정당성·건전성에 문제가 있어서 조선조 사회의 모범형이나 사회적인 본本이 되기에 적합지 않은 자를 제외하고는 과거 응시에 법적 제약이 없었다. 즉 과거제도는 특정 계층에만 개방되어 있던 배타적인 제도가 아니었다.

과거제도 운영과 관련된 이러한 재인식은 당시의 교육 기회 구조와 그 근본 바탕, 사회적 조건 등을 타당하면서도 합리적으로 이해할 수 있는 근거가 된다. 과거제도를 업적주의 원칙에 입각하여 개방적으로 운영하면서 교육 기회를 계층 귀속성으로 제한할 수는 없기 때문이다. 조선시대에 각종 학교 운영에 기준이 되었던 학규, 학령, 학교 절목·사목 등을 검토해 보아도 교육 기회를 특정 계층에만 허용해야 한다든가, 또는 혈통적 요인을 기준으로 교육 기회의 접근 여부를 규정한 것은 없다.

논의 및 맺음말

시험의 나라, 조선 덕분에!

과거제도가 일부 계층만 접근 가능한 폐쇄적인 것이 아니라 상당할 정도로 개방적인 것이었다는 점은, 조선조 사회의 사회적 유동성social mobility을 논하는 데 필수적인 조건이다. 빈한한 처지에 있던 사람이 벼락치기로 과거에 급제하여 일거에 자신의 지위를 이전과는 전혀 다르게 바꿔 놓는 것은 불가능한 일이었겠지만, 한 세대 한 세대 지나면서 학문을 연마함으로써 자신에게 주어진 부거권·사환권을 실제로 행사할 수 있는 능력을 구비하여 지위 변동을 추구하는 데에 법적·제도적 제약이 없었다.

조선조의 과거제도와 교육제도에 대한 종래의 통설대로라면, 조선반도에서의 삶과 교육의 기능을 서구의 경우와 동일하게 해석할 수밖에 없지만(교육이 각 사회 계층을 고착시키는 주요 변인), 과거제도의 개방적 성격을 감안할 때, 조선조 사회에서는 한 개인의 교육적 성장과 사회 진출, 사회적 유동성의 문제에 대한 논의를 의욕적으로 전개할 수 있다. 한영우는 서구 사회와 다른 조선 사회의 독특성을 다음과 같이 말하고 있다.

조선의 벼슬아치는 그 지위를 자손에게 세습시킬 아무런 특권도 가지고 있지 않았다. 만약 그런 특권이 있었다면, 그 사회는 인도의 카스트제도나 서양 중세의 작위제도와 비슷한 사회였을 터이지만, 조선왕조에는 그런 제도가 없었다.[142]

한 개인의 출생 초기에는 그가 어떤 지위 집단에 일정하게 속해 있다고 보기 어렵고, 성장해 가면서 능력과 업적 또는 삶에 태도와 소양의 함양에 따라, 그에 걸맞은 지위집단으로 복속되어 가는 조선 사회상을 그릴 수 있다. 산업 구조가 단순했던 조선조 사회에서는 각 지위 집단의 형성과 부침 현상에 결정적인 역할을 한 것이 바로 과거제도였다고 할 수 있다. 과거제도가 존재했기

에 능력과 업적에 따른 적정한 사회적 대우가 취해져야
한다는 사회적 정서가 일반화될 수 있었던 것이다. 나아
가 이런 사회적 원칙과 기준에서 멀어지거나 그에 반하
는 사회 현상이 벌어질 때에는 거침없는 비판이 비등할
수 있었다. 만약 과거제도가 존재하지 않았다면, 왜 능
력을 갖춘 인물인데도 그에게 합당한 사회적 대접을 못
하느냐는 식의 비판은 가능할 수 없다. 불한당 같은 자
들이 사회적 우대를 받는 것은 부당하다는 불만 토로나
비판 역시 불가능하다.

　지위의 변동을 꿈꾸거나 시도하려는 의욕을 차단하
는 요인은 미약했으며, 한 사람의 일생에서 교육 정도가
지위 변동에 가장 주요한 변수로 영향력을 발휘하기 이
전까지는 특정 지위 집단에 귀속되었다고 간주할 수 없
는 사회가 조선조 사회였다는 것이다. 달리 말하면, 조
선조 사회에서 여러 지위 집단이 엄연히 존재했다고 할
수 있으나, 개인이 혈통 요인에 의해 출생과 동시에 각
지위 집단에 귀속되는 것이 아니라 교육적 성장을 통해
서 각 지위 집단에 참여하게 되었다고 할 수 있다. 출생
이전부터 미리 정해진 피할 수 없는 숙명inevitable destiny
or fate이란 없으며 자신의 운명은 스스로 만들어 나아가

는 것이었다. 이런 흐름의 중심에 과거제도가 자리 잡고
있었다.

곤잘레스 멘도사Gonzalez Mendoça(1545~1618)라는 예수
회 신부에 의해 중국의 과거제도가 유럽에 처음 소개된
1585년 이후, 많은 유럽 지식인들이 과거제도를 운영하
는 나라의 대표적인 특징으로 "**모든 사람이 자기 자신의
운명의 창설자**founder of one's own fortune"라는 점에 주
목했고 그들의 저술에 빈번히 등장했다. 인생행로가 출
생 이전부터 미리 정해진 것이나 다름없는 세습적 사회
질서가 미약했기 때문에, 자기 배경에 따른 피할 수 없
는 숙명을 안고 사는 것이 아니라, 제 인생을 스스로 개
척해 나아간다는 사실을 강조했고, 본인 당사자의 후천
적 노력으로 학식과 덕망을 쌓음으로써 이를 추구한다
는 점을 부러움에 찬 시선으로 칭송했으며 궁극적으로
본받으려고 한 것이다. 중농주의 비조라고 알려진 프랑
수아 케네François Quesnay(1694~1774)는 "재상들의 자식
이라고 해도 **스스로 만들어 가야 할 자신의 운명**이 있고,
어떠한 배려도 누리지 않으며", "**본인이 발휘하는 능력과
재주**만이 자기가 차지할 지위를 결정하며 (…) **영예에
이를 수 있는 유일한 길은 바로 학업**"이라고 했다. 그는

이런 점을 유럽의 각국에서도 본받을 만한 것de modèle à
tous les Etats이라고 강조했다.[143]

　과거제도와 학교제도를 매개로 하는 조선조 사회의
기본 질서를 그림으로 나타내면 다음과 같다. 이런 얼개
를 가진 사회에서 개인의 인생행로를 좌우하는 것은 당
사자가 발휘하는 능력, 덕성과 재능이다. 덕성에 문제가
있는 자는 학교에 재적할 수도 과거에 나아갈 수도 없
었으며, 학교에서 공부하거나 과거에 나아가는 것은 전

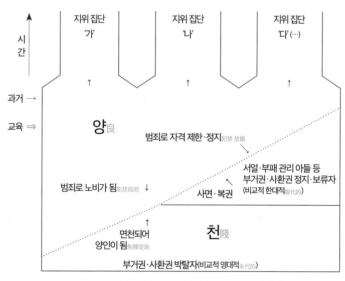

조선조 사회에서의 교육 및 과거와 지위 집단 조성

국을 망라하여 천민(공민권이 없는 자)을 제외한 모든 백성이 추구할 수 있는 열망이었다.

프랑스대혁명 때에 국민의회에서 채택한 「인간과 시민의 권리에 관한 선언」을 보면, "법 앞에 평등한 모든 시민은 본인의 능력에 따라 모든 위계와 모든 공직 및 직업에 나아갈 자격을 동등하게 가지며, **덕성과 재능에 따른 차별 이외의 차별을 하지 않는다**"[144]라고 선언하고 있다. 이는 대혁명 이전에는 민족·종교·가문 등 불합리한 기준에 의해서 사회적 차별을 가하는 경우가 흔했지만, 앞으로는 이런 불합리한 기준에 의한 차별은 용인할 수 없고 덕성과 재능이라는 합리적 기준에 의한 차별만 인정된다는 선언으로 풀이할 수 있으며, 이런 지향점은 시민(조선조 사회에서는 천민을 제외한 백성)에게 국한된 것이다. 그런 의미에서 이것은 무조건적 평등주의의 선언이 아니라, **덕성과 재능에 따른 불평등**만을 사회적으로 용인해야 한다는 **합리적 차등주의**의 선언이다.

당사자의 능력, 재능과 덕성에 의한 선발이야말로 조선조 사회에서 추구했던 인재 등용의 기준이 아닌가? 프랑스에서나 한국에서나 이 기준이 완벽하게 실현되었다고 보기 힘들다. 그러나 사회적 원칙과 지향점이 있느냐 없느냐는 하찮은 차이가 아니다. 프랑스대혁명 때 채택한 위의 내용은 21세기를 맞이한 현재 프랑스 사회에서 실제로 실현시키고 있는지와 무관하게 프랑스 사회에 의미가 있을 것이다. 마찬가지로 아니 그 이상으로, 조선시대를 일관하여 추구했던 "사회적 선발의 가장 우선적인 기준은 본인의 능력, 덕성과 재능"이라는 원칙은 그것의 사회적 실현 정도와 무관하게 현재의 한국 사회에 의미가 있다. 이것 이외의 다른 것이 우리 사회의 핵심적 원칙이나 지향점으로서 대신 자리를 차지해 버리는 것에 대해서 결코 방관하지 않을 만큼 중요한 원칙이다.

현재 선진국이라고 자처하는 여러 나라에서 능력주의(업적주의)는 당연한 추구의 대상이 되어 있으며, 이 능력주의에 충실한 사회를 지향하는 것을 건전한 것으로 전제한다. 그 이상이 오늘날 제대로 추구되고 있거나 성취되고 있는지 확인해 보려는 욕구도 강하다. 능력주의에 반하는 사회 현상, 업적주의로 포장되어 있지만 내실은 그렇지 못한 기만적 현상이 검출되면 날카로운 비판이 서슴없이 가해진다. 그러나 그들은 분명히 능력주의 원칙이 강조된 서방 세계의 역사가 그리 오래되지 않았음을 인정한다. 능력주의에 대해서 부담스럽고 껄끄러운 정서를 강하게 가졌던 시기가 있었다는 점도 인정한다.[145]

영국의 사회학자 마이클 영M. Young은 능력주의meritocracy를 달갑지 않은unpleasant 용어라고 했고, '기회의 평등'이란 말과 마찬가지로 그 기원이 여전히 모호하다고 했다.[146] 다음과 같은 서술은 유럽 사회의 뿌리 깊은 사회적 관성을 이해하는 데 도움을 준다.

공무원제도 개혁 이전까지는 정실주의nepotism가 사회의 대부분을 지배하였다. 19세기에 들어서도 상당 기간 동안 농경이 지배적이었던 사회에서, **지위는 재능에 의해 획득되는 것이 아니라 출생 신분에 귀속**되어 있었다. 계급은 계급으로, 지위는 지위로, 직업은 직업으로 이어졌다. 아들은 아비의 발자취를 충실히 따랐고, 그 아비 또한 할아비의 뒤를 충실히 따랐다. **사람들은 아이에게 커서 무엇이 되고 싶으냐고 묻지 않았다.** 사람들은 그 아이가 자기 조상과 마찬가지로 땅에서 일할 것임을 이미 알고 있었다. 대개의 경우, **직업 선택이란 없었다. 단지 세습이 있을 뿐**이었다.[147]

1848년 당시, 토크빌A. Tocqueville (1805~1859)이 평등 원칙의 점진적인 전개는 "신의 섭리적인 사실"이요 "의심할 바 없는 신의 의지의 표지"라고 신을 빌려 표현할 수밖에 없었을 만큼[148] 평등 원칙의 내력은 유럽인들에게 모호한 것이었다. 리처드 도어R. Dore는, 평등주의의 성장은 그 경향을 가장 잘 설명한 토크빌에게조차도 미스터리로 남아 있다고 했다.*

이런 역사를 가진 서방 세계에서 능력주의가 제대로 준수되지 않고 있다고 비판의 칼날을 세우게 된 것은 참으로 비약적인 변화라 하지 않을 수 없다. 서방 세계에서 능력주의 원칙에 대해서 어색하고 불편한 느낌을 가졌을 시기에 조선반도에서는 수백 년 동안 과거제도의 원칙과 이상으로 나라를 경영하고 있었다는 사실을 가볍게 여겨 넘길 수 없다.

---

* Dore, R.(1976). *The diploma disease: education, qualification and development*, Berkeley and Los Angeles: University of California Press, p. 181.
그는 평등주의 성장을 "개인적 자질이나 그의 사회적인 기능이 권력·지위·부를 누릴 만큼 명확한 탁월성이 있다고 정당화되지 못했는데도 갖게 된 그 어떤 권력·지위·부에 대해서도 의문을 제기하고 분개하는 경향의 성장"이라고 풀이했다.

우리의 전통 속에서 귀속주의적 세습성은 용납할 수 없는 사회적 폐단이다. 현재도 귀속주의적 세습성의 혜택을 누리는 사람들이 없지는 않겠지만 이들은 흠모와 선망의 대상이 아니다. 한국 사회의 이러한 기본적 인식은 하루아침에 세워진 것이 아니라, 천 년이 넘는 세월을 거쳐 역사적으로 조성되고 검증된 것이다. 만약에 금수저나 아빠·엄마 찬스라는 말이 비판적 언설이 아니라 부러움의 언설로 우리 사회에 떠돌고 있다면 대한민국 사회의 미래는 암담할 것이다.

과거제도로 인재를 선발한다는 것은, 개인적으로 공개경쟁을 통해서 관직에 진출하는 통로임과 동시에 사회적으로는 사회에 본보기를 제시하고 사회의 각 부문과 영역에서 이 본本을 추구하도록 하는 것을 의미하기도 했다. 경전에 갇혀 있는 관념적 이상형이 아닌 실존하는 모범형을 선보이고 이에 따르도록 하는 교육적 의미를 가졌다는 것이다. 과거 급제자는 유학儒學을 알맹이 없는 허학虛學이 아닌 알찬 실학實學으로 추구하는 데에 하나의 표상, 최소한의 범례였다고 할 수 있다.

과거제도가 개방성을 가졌고, 원한다면 모범형을 누구든 추구할 수 있도록 한 것이 조선조 사회를 유교적 교육 국가로 지속시킨 원동력이었다고 할 수 있다. 제아무리 그럴듯한 모범형을 사회에 제시하고 그에 따르도록 종용한다고 해도, 과거제도에 개방적 요소가 결여되어 있었다면, 이런 사회적 본은 내 생활과는 무관한 딴 세상의 일처럼 여겨졌을 것이다. 그러나 과거제도가 개방성을 가지고 있었기에, 나도 저 선망의 대상, 사회적 모범이 되어 숱한 사람들에게 본이 될 수 있다는 열망을 가질 수 있었던 것이다.

합리적 차등주의의 사회적 실현은 선언과 이론으로 성립할 수 없으며, 그것을 추구할 공공제도가 구비되어 있어야 가능하다. 혈통에 따른 차등보다 능력에 따른 차등이 더 합리적인 차등이라고 사회적으로 폭넓게 인지되고 있다고 하더라도, 누가 더 탁월한 능력을 발휘할 수 있는지 확인할 수 있는 공공제도가 없다면 합리적 차등주의의 선언과 이론은 공허할 수밖에 없다. 공공시험제도, 나아가 이와 관련된 학교 체제가 합리적이고 체계적으로 구성되어 있어야 합리적 차등주의의 추구와 실현이 가능해진다.

마이클 영은 능력주의의 기원이 모호하다고 했고, 도어는 평등주의의 성장에 대한 설명이 어렵다고 했지

만,[149] 그리니V. Greaney와 켈라한T. Kellaghan은 평등주의
와 능력주의를 시험제도와 관련하여 말하고 있다.

평등과 능력주의의 개념은 시험제도와 밀접하게 맞물
려 있다. 중화제국에서 가장 우선적인 관심은, 정부의
모든 중요 업무는 혈통과 재산이라는 우연성에 기대어
맡겨서는 안 된다는 것이었다. 이런 이상은 **시험제도가
유럽에 도입될 때**도 역시 유지되었다. 프랑스대혁명 이
후 평등의 원리는 다음과 같은 것을 의미한다. 모든 시
민은 누구나 자격 획득, 취직, 재산 형성을 향한 경쟁
에 나설 수 있는 위치에 있다. 그리고 **출세는 집안의 사
회적 지위에 의해서가 아니라 학교 교육과 시험을 통해서
보여 주는 성취에 기초를 두어야 한다.**[150]

평등과 능력주의, 더 엄밀히 말해서 능력에 따른 합리
적 차등주의를 추구하려면, 개인적 자질이나 그가 발휘
하는 사회적 공능이 권력·지위·부를 누릴 만큼 명확한
탁월성이 있다고 정당화될 수 있는 사회적인 공인 기제
가 존재해야 하고, 그 공인 기제에 동등하게 다가설 수
있어야 한다. 그것은 바로 학력·학위·자격 등의 공인제

도이며 이를 판가름 짓는 공공시험제도다. 인재를 양성하고 선발하는 공공제도의 존재는 평등사회의 추구, 근대의 출발 여부를 가늠할 만큼 핵심적인 사회적 기제인 것이다.

만약 시험제도가 문제라면, 시험제도가 전근대 사회에 인류가 겪은 부당한 억울함을 해소해 주지 못하고 그저 인류를 괴롭히고만 있다면, 시험 때문에 인류의 삶이 지옥이라면, 인류가 지금껏 시험제도의 확충을 위해 그토록 힘써 왔을 리 없다. 선거에 기여한 바에 따라 관직을 나눠 갖는 엽관제도spoils system가 정치·행정 질서로 자리 잡고 있던 미국의 경우, 관직 지명에서 소외된 엽관 구직자office seeker: Charles Julius Guiteau가 앙심을 품고 대통령[미국의 제20대 대통령 가필드J. A. Garfield(1831~1881)]을 살해하는 데 이르러서야 20여 년의 지루한 줄다리기를 벌인 끝에 비로소 공무원 임용 국가고시제도를 골자로 하는 공무원법Pendleton Act의 성립을 보게 되었다.[151] 이 공무원제도 개혁 법안은 미국의 남북전쟁 이전부터 제출되었으나 번번이 의회에서 승인을 거부하였는데, 엽관제도의 악폐가 대통령 저격이라는 전대미문의 사건으로 번지자 마지못해 승인한

대서특필된 가필드 대통령 저격 사건을 묘사한 신문 카툰(1881)

것이었다. 그만큼 공공시험제도가 저들에게는 생소하
고 꺼릴 만한 것이었음에도 불구하고, 그런 공공시험제
도의 성립을 보지 않으면 안 될 정도로 시험제도는 근
대 사회에 긴요한 것이었다.

지난 60년 동안 영국의 공무원은 공개경쟁시험의 원
리를 바탕으로 해서 채용되어 왔으며, 미국에서는
1883년 이후 능력·업적제가 엽관제를 압도하고 있다.
상설 행정관직은, 단지 왕실의 정실주의나 신분적 특권
에 따라 임용되도록 놔둘 수 없다는 인식에 그친 것이

아니라, 더 이상 정당의 후원에 의한 임용에 내맡겨질 수 없다는 것을 인식하게 되었다. 근대 국가의 방대한 복잡성 때문에 **지적인 자격 검증을 통한 가장 엄격한 선발이 필요**하다는 것을 사람들은 깨달았다.[152]

다시 한 번 강조하지만, 내 아비의 재산에 의해서도 아니고, 내 아비의 권력에 의해서도 아니고, 내 아비의 종교·종파에 의해서도 아니고, 내 아비의 민족·가문에 의해서도 아니고, **나 자신의 교육적 성취, 사회적으로 발현할 수 있는 능력과 업적**에 따라 합리적으로 계층이 구분되는 사회! 공교육제도와 공공시험제도는 그런 사회의 성립과 지속에 필수적인 전제 조건이다. 능력의 추구, 그 능력의 사회적 공인, 그에 따른 사회적 역할의 담임, 차등적 권리의 부여, 차등적 권리의 상호 인정 등의 원리를 형성하고 추구하고 보편적으로 정착시킨 사회를 마련하기 위해 인류가 기울인 노력은 결국 **합리적이고 타당하고 공정한 시험제도**의 성립을 매개로 한 것이다.

조선조 사회에서는 이런 이상을 추구할 양성 체제(교육제도)와 선발 체제(과거제도)가 서로 긴밀하게 연결되어 가동되고 있었다. 조선조의 과거제도와 교육제도가 갖는 의의를 한영우의 글로 정리하면 다음과 같다.

> 힘없고 외로운 사람들이 오직 공부만으로 출세하는 길
> 을 열어 주고, 이들이 벼슬아치로 문벌 독점과 횡포를
> 견제하는 구실을 한 것은 조선왕조의 수명을 장수로
> 이끄는 데 크게 일조했다고 본다. 오늘날 한국은 세계
> 적으로 가장 높은 교육열을 보여 주는 나라 가운데 하
> 나로 인정받고 있으며, 누구나 열심히 노력하면 여러
> 분야에서 정상에 오를 수 있다는 꿈을 가지고 살아가
> 고 있다. 그런 **치열한 교육열과 성취욕**이 바로 대한민국
> 을 지금 선진국 대열로 끌어올린 원동력이라고 할 때,
> **그런 문화적 유전 인자를 만들어 준 것이 바로 과거제도**
> 라고 보아도 좋을 것이다.[153]

조선조의 과거제도와 교육제도에 대한 종래의 통념
에 대한 반성적 검토, 나아가 이에 대한 재인식이 필요
하다. 혈통적 세습에 의해서가 아니라 본인 당사자의 교
육적 성취와 사회적으로 발현해 내는 능력에 따라 합리
적으로 사회적 얼개가 갖춰지는 삶에 필수적인 체제를
조성하고 실천했던 조선조 사회에 대한 부당한 평가를

정돈하고 처리하지 않으면 안 된다. 이는 과거사를 다루는 일이라기보다는 현재 대한민국의 자화상을 일그러짐 없이 명확히 그리는 것에, 나아가 앞으로 우리가 추구하고 지켜야 할 바를 굳게 정하는 것에, 구체적으로 작용할 지금의 일이기 때문이다.

조선조 사회는 과거제도의 공정성을 훼손할 만한 여지를 차단하는 제도적 보완을 꾸준히 거듭하였으며, 제도의 엄밀한 시행을 위해 지속적으로 노력하였다. 특히 식년시 문과의 경우, 제술시험에서의 봉미·할거·역서·상피, 강서시험에서의 격장법·자호법·문제추첨 등을 감안할 때 부정행위로 급제할 가능성은 거의 없다. 규정 위반의 사례가 있었다고 해도 그것은 과거제도 자체가 갖는 문제라고 볼 수 없으며, 응시자의 얄팍한 일탈 행위였을 뿐이다. 산발적 위반 행위가 몇몇 있었다고 해도 인재 선발이 공정하게 이루어지도록 제도적 합리성을 추구한 의의는 훼손될 수 없으며, 공정하고 합리적인 절차에 따른 선발이라는 대원칙은 현재 우리의 뇌리에도 각인되어 있는 양보할 수 없는 지향점이다. 사회적 공무를 담당하는 자리를 차지할 사람을 결정하는 일에 불합리한 절차나 공정성의 결여란 용납될 수 없다는 것이다.

이 글을 마무리하면서, 대학입학제도에 대한 단상을 소개하고자 한다. 지금 대한민국의 대학입시제도는 군사독재 시절보다 오히려 더 타락한 모습을 보이고 있다. 대학입시제도는 군사독재 정권이라고 해도 함부로 좌우할 수 없는 엄정한 대상이었기 때문에 군사독재 시절임에도 불구하고 건전성을 유지했는데, 문민정부가 들어섰다고 흥분하는 와중에 그 건전성이 상당히 훼손되어 버렸다고 판단한다. 독재 정권 시절에 있었던 모든 사회 현상이 독재의 소산이라고 보는 것은 참으로 우매한 판단이다. 독재 시절이었기에 등장했던 사회 현상과 독재 시절이었음에도 불구하고 버텼던 사회 현상을 준별하지 못하면, 독재 자체가 무서운 게 아니라 독재의 어정쩡한 뒤처리가 무서운 현실을 빚게 된다.

대학입시제도의 건전성이 훼손된 근원은 교육과 선발에 대한 낭만적인 생각이다. 요즈음 각 대학의 대학입시 전형 규정을 보면 제정신을 차릴 수 없을 정도로 복잡하고 천차만별이다. 그 기저에는, 경제적 약자에 대한 배려가 필요하다는, 겉으로 보기에 기특하고 아름다운 마음씨가 자리 잡고 있다고 한다. 그러나 이런 미련한 배려는 결코 경제적 약자를 돕는 결과로 이어지지 않는다. 누구한테 유리한 제도를 장만할 것인가를 도모하면, 반드시 모두에게 불공정한 제도를 낳게 되기 때문이다.

현재 대학입시제도는 선발의 공정성을 극단적으로 훼손시키고 있는 것이 무엇인지 분간하지 못하고 있다. 가난한 취약 계층 이들을 돕겠다는 어설픈 연민의 정이 대학입시제도를 타락시켰고 결국 대학입시의 장은 부잣집 자녀와 그 부모들이 설치는 무대가 되고 말았기에, 상대적 박탈감에 시달리는 대중을 만들어 낸 주범은 부모의 경제적 능력의 높낮이가 아니라 바로 공정성을 잃은 입시제도다.

시험제도의 운영에 있어 우리가 관심을 집중해야 할 초점은 그 룰rule이 어느 계층에 유리한가를 따지는 데에 있는 것이 아니라, 계층을 불문하고 그것이 과연 합리적이고 타당하고 공정한 것인가 또 그대로 준수되고 있는가에 있다.

'시험의 나라, 조선' 때문에 질곡에 허덕이는 나라 대한민국이 아니라, '시험의 나라, 조선' 덕택에 흐뭇한 나라를 유지하고 물려주기 위해서, 조금도 소홀히 여겨서는 아니 될 막중한 과제는 바로 역사에 대한 무지로부터 벗어나는 것이다. 그러려면 현재의 불미스런 사회 현상에 대해 조상 탓 하지 말 것이며, 현재 우리들의 무지에 대한 반성에 매진해야 한다. 그러지 않으면, 우리는 나 자신과 내가 아끼는 사람들(선조·후손)의 몸과 마음을 할퀴는 자학적 역사인식에서 여전히 빠져나올 수 없을 것이다.

불과 한 세기 전만 하더라도 인류는 동서를 막론하고 이전 세대를 살았던 사람들에 대한 존중이 있었다. 유럽의 경우 고대 그리스·로마의 정신을 되살리자는 것이 르네상스였고 그 관성이 최근까지 유지되었던 것 아닌가? 도대체 20세기 100년이 무슨 조화를 부렸기에 현생 인류는 이토록 오만해졌는가? 지나간 과거가 있었고 지금까지 유지되었기에 현재가 가능한 것인데, 현재를 기준으로 과거를 재단하려는 것은 무도하고 무지한 짓이다. 21세기 이 대명천지에 여전히 전쟁의 소용돌이 속에서 허덕이고 있는 인류! 그런 참담하고 부끄러운 처지에 있는 주제에 무도하기 짝이 없는 현재를 기준으로 과거를 재단하려는 건방진 인류는 무지의 문제를 아직 해결하지 못하고 있다. 20세기 인류의 교육은 실패했다고 볼 수밖에 없으며, 그 끄트머리 21세기 초엽에 인류가 살고 있다.

"무지Ignorance는 모든 불행의 근원이다!"
이런 구호를 굳이 외칠 필요가 없는 21세기를 간절히 기원한다.
'시험의 나라, 조선'의 힘으로!

| 참고문헌 |

『삼국사기』

『조선왕조실록』(세종·세조·성종·중종·명종·인조·숙종·현종·영조·정조·고
　　　종)

『광해군일기』

『일성록』(정조)

『경국대전』, 『대전후속록』, 『속대전』, 『전율통보』, 『대전회통』, 『과거사
　　　목』, 『상정과거규식』, 『수교집록』, 『과시등록』

『춘관통고』, 『증보문헌비고』

『감시등록』, 『과장목기명절목科場木器皿節目』, 『학부래거문學部來去文』

『간정일록』(김령, 1805~1865)(문천각 소장).

『계암일록』(김령, 1577~1641)(국사편찬위원회한국사료총서 제40집,
　　　1997).

『단계선생문집부록』(김인섭, 1827~1903)(문천각 소장).

『단계선생문집』(김인섭, 1827~1903)(문천각 소장).

『단계일기』(김인섭, 1827~1903)(영남대학교 민족문화연구소, 2000).

『대동야승』「견한잡록遣閑雜錄」(심수경, 1516~1599).

『사소절』(이덕무, 1741~1793).

『서행(일)록』(김수로, 1859~?)(경상대학교도서관 소장)

『설월당선생문집』(김부륜, 1531~1598).

『우서』(유수원, 1684~1755).

『청장관전서』(이덕무, 1741~1793).

『학천선생유집』(박승, 1520~1577).

『한국민족문화대백과사전』(http://encykorea.aks.ac.kr)

고은경(2021), 「조선시대 소수성관 출신 문과급제자 연구」, 한국교원대
학교 석사학위논문.

김경용(2003), 『과거제도와 한국 근대교육의 재인식』, 교육과학사.

_____(2004), 「조선시대 과거제도 시행의 법규와 실제」, 『교육법학연
구』 제16권 제2호.

_____(2006), 「조선조 과거제도 강서시권 연구」, 『장서각』 제15집, 한국
학중앙연구원.

_____(2008), 『장서각 수집 교육·과거 관련 고문서 해제』(전 2권), 민속원.

_____(2010), 「조선중기 과거제도 정비과정과 그 교육적 의의」, 『교육
사학연구』 제20집 제1호.

_____(2014), 「조선조의 과거제도와 교육제도, 『대동한문학』 제40집,
대동한문학회.

_____(2014), 『조선의 교육헌장-우리교육의 오래된 미래-』, 박영스토리.

_____(2015), 「조선조 과거제도 시행과정의 탐색」, 『교육사학연구』 제
25집 제1호.

_____(2016), 「유교문명에 대한 서구지식인들의 저술 수집조사」, 『교육
과학연구』 제21호, 한국교원대학교 교육과학연구소.

_____(2017), 「〈부록〉 합리적 차등주의와 교육 및 시험제도에 대한 구
미 지식인들의 인식」, 『계몽사상가들의 눈에 비친 유교문명』,
박영스토리.

김경용(2018), 「〈부록〉 유교문명에 대한 서구지식인들의 저술」, 『계몽시대 유럽사회 개혁론과 유교』, 박영스토리.

김경용(역주)(2017), 『계몽사상가들의 눈에 비친 유교문명』, 박영스토리.

_____(역주)(2018), 『계몽시대 유럽사회 개혁론과 유교』, 박영스토리.

김혈조(2013), 「과장의 안과 밖, 18세기 한 지식인이 본 과장의 백태」, 『대동한문학』 제38집.

민현구(2010), 「과거제는 한국사에 어떤 유산을 남겼나」, 『한국사시민강좌 46』.

박선미(1989), 「조선후기 실학자들의 교육제도개혁안에 관한 연구」, 중앙대학교대학원 석사학위논문.

박현순(2012), 「조선후기 試券에 대한 고찰」, 『고문서연구』 제41호.

오천석(1964), 『한국신교육사 上』(1975년 광명출판사 판).

유진성(2014), 「조선시대 천민의 수학사례 연구」, 한국교원대학교 석사학위논문.

윤건차(1982), 『朝鮮近朝敎育の思想と運動』, 東京大學出版會. 심성보(역)(1987), 『한국근대교육의 사상과 운동』, 靑史.

윤진영(2014), 「과거 관련 회화의 현황과 특징」, 『대동한문학』 제40집, 대동한문학회.

이래종(2013), 「疑義의 형식과 그 특성」, 『대동한문학』 제39집.

이만규(1947), 『조선교육사 Ⅰ』(1991년 기획출판 거름 판).

이성무(1994), 『한국의 과거제도(개정증보판)』, 집문당.

_____(2010), 「조선 교육제도의 정돈과 과거제의 새 모습」, 『한국사시민강좌 46』.

정진영(2005), 「19~20세기 전반 한 몰락양반가의 중소지주로의 성장과정」, 『대동문화연구』 제52집.

정진영(2008),「19세기 중반~20세기 초반 재촌 양반지주가의 농업경
　　영」,『대동문화연구』제62집.

정해은(1999),「병자호란기 군공 면천인의 무과 급제와 신분 변화-『정축
　　정시문무과방목』(1637년)을 중심으로」,『조선시대사학보』9.

조완래(1977),「실학자의 관리등용개혁론 연구-과거제개혁론을 중심으
　　로-」,『백산학보』제23호.

한영우(2013),『과거, 출세의 사다리』(1~4). 지식산업사.

高橋亨(1920),『朝鮮の敎育制度略史』, 朝鮮總督府學務局(『日本植民地敎育政
　　策史料集成(朝鮮篇), 第26卷』에 수록).

高橋濱吉(1927),『朝鮮敎育史考』, 京城: 帝國地方行政學會 朝鮮本部(『日本
　　植民地敎育政策史料集成(朝鮮篇), 第27卷』에 수록).

宮崎市定(1963),『科擧, 中國の試驗地獄』, 東京: 中央公論社, 박근칠과 이
　　근명(역)(1996),『중국의 시험지옥, 科擧』, 서울: 도서출판청년.

金諍(1990),『科擧制度與中國文化』, 上海: 人民出版社, 강길중(역)(1994),
　　『중국문화와 과거제도』, 대구: 중문출판사.

小田省吾(1924),「朝鮮敎育制度史」,『朝鮮史講座, 分類史』, 朝鮮史學會(『日
　　本植民地敎育政策史料集成(朝鮮篇), 第26卷』에 수록).

Déclaration des droits de l'homme et du citoyen (1789).

Report on the Organisation of the Permanent Civil Service
　　(London, 1854).

Papers on the Re-Organisation of the Civil Service (London, 1855).

Dore, R.(1976), *The diploma disease: education, qualification and* development, Berkeley and Los Angeles: University of California Press.

Grenney, Vincent & Kellaghan, Thomas(1996), "The integrity of public examination in developing countries", in Harvey Goldstein & Toby Lewis(eds.), *Assessment: Problems, developments and statistical issues*, Chichester: John Wiley & Sons, Ltd.

Hudson, G. F.(1961), *Europe & china, A survey of their relations from the earliest times to 1800*, Boston: Beacom Press.

Husén, Torsten(1974), *Talent, equality and meritocracy: availability and utilization of talent*, The Hague: Martinus Nijhoff.

Mackerras, C.(1989), *Western Image of China*, Oxford: Oxford University Press.

Lach, D. F.(1965), *Asia in the making of Europe, Vol. I. The century of discovery, Book Two*, Chicago and London: The University of Chicago Press.

Parke, R.(tr.)(1588), *The historie of the great and mighty kingdom of China, and the situation thereof, together with the great riches, huge cities, politike gouernement, and rare inuentions in the same*, London. Edited by Sir Georgy T. Staunton, Bart. with an introduction by R. H. Major, Esq., Hakluyt Society, 1853.

Sutherland, Gillian(1984), *Ability, merit and measurement: mental testing and English education 1880~1940*, Oxford:

Clarendon Press.

Tocqueville, A.(1954), *Democracy in America*, Vol. Ⅰ. tr. by Henry Reeve, New York: Vintage Books.

United States Civil Service Commission(1941), *History of the Federal Civil Service 1789 To the Present,* Washington: U.S. Government Printing Office.

Young, M.(1958), *The rise of the meritocracy, 1870~2033*, Thames & Hudson(reprinted in 1962 Harmondsworth: Penguin Books Ltd).

| 주 |

1 『삼국사기』「신라본기 제10」: (원성왕) 四年(788)春 始定讀書三品以出身 讀
『春秋左氏傳』若『禮記』若『文選』而能通其義 兼明『論語』·『孝經』者 爲上 讀
『曲禮』·『論語』·『孝經』者 爲中 讀『曲禮』·『孝經』者 爲下 若博通五經·三史·諸
子百家書者 超擢用之 前祇以弓箭選人 至是改之.

2 Lach, D. F.(1965), *Asia in the making of Europe. Vol. I. The century
of discovery, Book Two*, Chicago and London: The University of
Chicago Press, p. 743.
Mackerras, C.(1989), *Western Image of China*, Oxford: Oxford
University Press, p. 24.

3 Parke, R.(tr.)(1588), *The historie of the great and mightie kingdome
of China, and the situation thereof, Togither with the great riches,
huge citties, politike gouernement, and rare inuentions in the
same*, London. Edited by Sir Georgy T. Staunton, Bart with an
introduction by R. H. Major, Esq., Hakluyt Society, 1853, pp.
69~172.

4 Lach, D. F., Ibid., pp. 743~745; Parke, R., Ibid., pp. lxxx~lxxxiii.
이 책의 저술에 사용된 참고 자료 등 더 상세한 정보는 다음을 참고.
Mackerras, C., Ibid., pp. 22~27; Lach, D. F., Ibid., pp. 746~750.

5 Parke, R., Ibid., p. 97.

6 한국정신문화연구원(2000), 『고문서집성 50』, 659~660쪽.
김경용(2008), 『장서각 수집 교육·과거 관련 고문서 해제』 권1,
423~424쪽.

7 『세종실록』「文科及生員試考察條件」(1444. 2. 4): 其中外官吏徇私妄報者 及
生徒冒濫求入者 依律治罪.
『과시등록』제1책(1647. 6. 28): 監司巡到 時時考講製述 如有無才而仍在校

籍者 罪其守令及齋任 凡赴擧士子 名在校籍者.

8 『명종실록』(1546. 6. 16): 聚士族及凡民子弟 年自八·九至十五·六歲者 先誨小學 能明句讀·稍解文理 然後次敎以大學·論語·孟子·中庸 陞之於學 (…) 外方則每鄕置學長 依右例敎誨 陞之鄕校.

9 『학천선생유집』 권1,「雜著」九皐書塾立約節目〈1562년〉: 人家後進 當以守禮義尙文學爲先 如有荒散不勤 違禮義怠文學者 書不善籍 竢其改而削之 其尤甚而不順父母·不友兄弟·不睦宗族·不姻姻戚·不恤孤窮·斬衰不服·乘喪嫁娶·放出正妻者 塾逐出于塾外 里逐出于里外 又會報于地主官事.

10 『설월당선생문집』 권4,「雜著」福川鄕校學令(1585): 各面學長所誨童蒙 亦依右行之.

11 『科場木器皿節目』「丁丑八月日 科場木器皿定式」: 毋論文武大小各樣科場 每所用書案·硯匣等 諸般各種 叅互前例及進排 實數酌量裁定後錄以上 依此定式施行 似合便宜 (…).

12 본문: 書案·硯匣·衣巨里·紗帽巨里·燭臺·光明臺·懸題板·易書時所用書板·出榜時所用書板 등.

13 본문: 文科時易書書吏數詳問則 一百人 啓下從實入以伍拾人磨鍊 (…) 易書書吏壹百人 每人所用書案·硯匣·光明臺·書板 各壹部(叅半用還次).

14 갑오경장 이후 새롭게 시도한 '성균관경학과'도 경학에 대한 이해를 바탕으로 시무·경제에 대한 지식을 쌓도록 수준별 학급을 편성하여 운영하였다. 이런 사실은 「성균관경학과규칙」이 1896년 개정된 이후, 먼저 경의재經義齋에서 경학을 공부하고, 여기에서 선발된 인원이 치사재治事齋로 승급하여 시무·경제를 익히도록 했다는 것으로부터 알 수 있다. 『學部來去文』 제3책, 照會 제71호(1897. 9. 28): 始入經義齋 講明道術ᄒ고 就其中拔尤ᄒ야 選升治事齋ᄒ야 討論時務·經濟之策ᄒ니 可謂擇精熟 而上年十月爲始ᄒ야 迄于今朔 則洽周一載矣라.

15 이래종(2013),「疑義의 형식과 그 특성」,『대동한문학』 제39집 참조.

16 『감시등록』「甲子式年生貟·進士初試及文科試時 應行事目」(1803. 7): 五經義 必以單句出題 如詩則關關雎鳩 易則飛龍在天 書則欽若昊天之類 拈出爲題.

17 『세종실록』(1436. 3. 4) 1번째 기사.

18 『인조실록』(1632. 5. 19) 1번째 기사.

19 『세종실록』(1425. 10. 17) 3번째 기사,『문종실록』(1450. 9. 10) 4번째 기사.

20 『인조실록』(1633. 7. 13) 1번째 기사.

21 『광해군일기』(1611. 3. 17; 6. 10) 3개월가량 벌어진 왕과 신하들의 논쟁 기사는 『조선왕조실록』에 50건 넘게 실려 있다.

22 『숙종실록』(1684. 10. 26): 又於殿試 拈出其未成篇及全不成文理者 使之改試於來式年 必待粗成篇樣然後 始許賜第.

23 『춘관통고』 권69 「嘉禮」 科制上: (숙종)十三年(1687)丁卯式年殿試 出策題 會試入格人田以功 只書日暮謹策四字以呈 以未成篇 追付後榜 新有事目拔之.

『숙종실록』(1689. 9. 25): 平安道擧子田以功 曾中式年會試 而以不圓篇之故 見拔於殿試 未及後試而死.

24 『상정과거규식』(1557) 講書: 科擧講書時 隔以袱帳 使不得與擧子相見 臺諫則分坐帳外 擧子入門時 錄名冊子擧子名下 及其名紙上端 書塡字號 出入之際 勿呼姓名 悉以字號進退.

25 『세종실록』(1449. 1. 22): 司諫院上疏陳時務 (…) 臣等願 試官講經之時 設袱帷於前 臺省官分坐內外 入門官在外門外 抽栍呼講生姓名 入坐帷外 使試官不知其姓名 不接其容貌 講經後 卽以通否栍 出示于外 使講生手書通否署名 然後又以其簿 入告于內 以驗眞僞 如此則無面對人情之弊 講經之法 庶幾公正矣 (…) 伏望嚴立此法 以昭正道.

26 『대전후속록』「禮典」 雜令: 科擧講書時 隔帳試講.

27 『중종실록』(1532. 10. 11): 憲府啓曰 (…) 且儒生講經時 爲隔帳之法者 使試官不知某之入講也. 今以榜次爲之 則殊無隔帳之本意 請依前例爲之 傳曰 (…) 講經者 爭自淹延 不卽入試 故欲以初試榜次而爲之. 然全以初試榜次而呼入 則果與隔帳之意乖悟 所啓至當.

28 『상정과거규식』(1557) 講書: 四書三經勿論大小 大文抽籤試講 先將四書五經每篇大文 自一至終通計 某篇幾大文 開錄置立冊子 又於大文上紙頭 書一二三四次第 又將竹栍書數目 從大文最多之篇 自一至終 臨講時 庸學外諸書 只書篇名于竹栍 倒挿一筒抽栍 考其篇大文之數 將數目竹栍 依數倒揷于筒 旋抽一栍 考其紙頭所書次第試講.

29 『과거사목』「式年進士·生員及文科覆試時 應行諸事」(1552. 1. 16): 叅試官段 設帳近處東西分坐爲白乎矣 臺諫段 糾擧次以 試官果雜坐除良 帳外各別分坐 擧子講書爲白良在等 出栍相考 名紙良中這這書塡 擧子着名後踏印 收卷爲白有如可 憑考出榜.

자신의 성적 아래에 응시자가 직접 사인하는 규정은 이미 세종조에 제안된 것이다. 『세종실록』(1449. 1. 22) 기사 참조.

30 『수교집록』「禮典」 科擧: 式年講紙所書冊名及謹封等字 刻字印給 以嚴科場

(康熙丙寅(1686)承傳).

『속대전』「禮典」諸科: 式年講經所書冊名及謹封等字 刻鑄印給.

31 『대전회통』「禮典」諸科: 式年會講同晝者 以經書次第比較(初以周易 如又比較 則以書·詩·論·孟次以比較).

32 『성종실록』(1493. 5. 5) 4번째 기사.

33 『인조실록』(1645. 8. 3) 1번째 기사.

34 『일성록(정조)』(1795. 윤2. 11): 御洛南軒 行文武庭試別試 仍行科次放榜
(…) 命文武科放榜 文取崔之聖等五人 武取金寬等五十六人.

35 『일성록(정조)』(1795. 윤2. 11): 文武擧人跪 分賜紅牌 公服賜 酒賜 看賜
花賜.

『계암일록』(1612. 9. 9): 入闕門內序立 文武兩班 以次唱名 殿庭四拜後 賜
紅牌及花宣香醞 又四拜而出至寓里.

『춘관통고』권72「嘉禮」科制, 文武科放榜儀〈今儀〉: 正郎各以紅牌分賜擧人
訖 俱還本位 次賜花及醴肴(賜花忠贊衛掌之 醴肴司饗院掌之 醴至 擧人離位
稍前 俯伏跪飮 訖 俯伏還位 只止一爵).

생원·진사는 어사화를 받지 않는다.

『춘관통고』권72「嘉禮」科制, 文武科放榜儀〈今儀〉: 生員進士放榜儀(原
儀): 正郎各以白牌分賜諸生 訖 還本位 次賜酒果.

36 『대전회통』「禮典」朝儀: 新中文·武科·生員·進士者 放榜翌日 詣闕謝恩 次
詣成均館謁聖.

『계암일록』(1612. 9. 10): 午後 入闕門內 良久入單子謝恩四拜飮宣醞 又詣
慈殿 中宮殿皆四拜 東宮再拜禮畢將出; (9. 11) 午後 齊入大成殿庭 謁聖.

『단계일기』(1846. 3. 27): 唱榜 訪東村諸君子; 28일 謝恩 訪西村諸君子;
29일 謁聖.

37 『춘관통고』권72「嘉禮」科制, 文武科榮親儀: 新及第還鄉之日 本鄉人吏 具
冠帶備儀物出迎于遠亭(距官門五里) 新及第具公服遊街行至鄉校謁聖 次詣守
令廳行再拜禮 守令答拜 次詣父母家 守令隨至 與新及第父母還到公館 設宴
(…).

38 『세조실록』(1466. 8. 4) 1번째 기사.

39 『영조실록』(1765. 3. 10) 1번째 기사, 『정조실록』(1784. 9. 29) 5번째 기
사.

40 『단계일기』(1867. 3. 8): 長兒受童蒙先習三·四行.

41 『대동야승』「遣閑雜錄」: 近世有童蒙教訓之書 名曰童蒙先習者 (…) 其書先敍
五倫 次敍歷代 次敍東國之事實 兼經史之略 童蒙之所宜先習也 敎童蒙者 盡

以此爲先乎.

42 『현종실록』(1666. 3. 25): 壽恒曰 元子進講之書 議于大臣 則以爲宜先講 『童蒙先習』以此講之乎? 上曰 然 (…).

43 『현종실록』(1667. 2. 22): 王世子始開書筵 講『童蒙先習』.

44 『현종실록』(1672. 6. 23): 王世子 (…) 年十二 通『童蒙先習』·『小學』等書 自 去歲受『少微通鑑』文義日進.

45 『영조실록』(1742. 6. 28): 命芸館 刊進『童蒙先習』是書 卽中廟朝朴世茂所 撰也 上以其書有條理 不但小兒初學之要 (…) 親製序文 命以眞·諺 依經書諺 解例 刊印粧入.

46 『영조실록』(1757. 10. 19): 上命誦『童蒙先習』元孫誦之不錯.

47 7월 7일 파접(罷接)한 경우가 가장 많다. 하과를 마치는 파접을 해하(解夏)라 고도 하였다.

48 『단계일기』(1871. 6. 4): 入淸齋見二子回.

49 『단계일기』(1875. 5. 10): 留騎 〃 向杜谷 見二子做夏課; (7. 6): 兒梳洗 去 杜陵做所.

50 『단계일기』(1880. 6. 11): 仲兒上法塾 做時文 受詩經九卷去; (1883. 6. 10): 入法塾次兒 考古風.

51 『단계일기』(1890. 5. 15.): 下平地書塾 見季兒夏課.

52 『단계일기』(1873. 윤6. 1): 兒們移接李希顔家; (1877. 5. 15): 仲兒率甲徵 做西隣.

53 『단계일기』(1874. 5. 12): 大兒畢收庸·學 讀杜詩; (1876. 7. 17): 二兒罷 做 長讀韓文 次讀離騷(『고문진보』의 편명).

54 『단계일기』(1872. 5. 4): 二子做古風日課; (1873. 5. 15): 二子做古風夏 課.

55 『사소절』士典三: 凡書目過口過 終不如手過 盖手動則心必隨之 雖覽誦二十 遍 不如抄撮一次之功多也 況必提其要 則閱事不容不詳 必鉤其玄 則思理不 容不精 若此中 更能考究同異 剖斷是非 而自記所疑 附以辨論 則瀋知愈深 著 心愈牢矣. 右榕邨課子弟鈔書之法.

56 『단계일기』(1873. 7. 7): 二子罷接 助飮食費五十文; (1883. 6. 20): 送粮 饌法塾.

57 『단계일기』(1875. 7. 11): 祖考諱辰入齊戒 兩兒不得往參罷接.

58 『단계일기』(1873. 윤6. 13): 二子又往灌 廢日課; (1874. 6. 13): 兒曹爲灌 漑 連日廢課 今始做; (1876. 윤5. 5): 渠兄弟逐日漑早田 不能專課.

59 『단계일기』(1871. 5. 11): 大兒不健 闕做課; (1871. 6. 5): 大兒項頰不仁

闕工: (1871.6.15.): 次兒滯食頭疼 闕做課; (1874. 6. 1): 次兒告病闕做 悶
甚.

60 『단계일기』(1872. 5. 10): 二子日課不能成誦 闕做課.

61 『단계일기』(1872. 6. 27): 大兒與狂童爭狼不已 且好於漁川上 撻而戒之 卽
令二子罷做課.

62 『단계일기』(1870. 윤10. 14): 大兒畢讀通鑑十五卷; (1870. 윤10. 15): 大
兒始小學初卷.

63 『중용』 제20장: 有弗學 學之弗能弗措也 有弗問 問之弗知弗措也 有弗思 思
之弗得弗措也 有弗辨 辨之弗明弗措也 有弗行 行之弗篤弗措也 人一能之 己
百之 人十能之 己千之.

64 김경용(2012), 『조선의 교육헌장』, (주)박영story, 26~28쪽.

65 『단계일기』(1875. 1. 16): 借易經一·二卷於金戚德見家; (1. 18.): 看乾卦;
(1. 19.): 看坤卦; (1. 22): 復借易自四卷至六卷; (1. 23): 大兒讀乾卦.

66 『단계일기』(1875. 1. 25): 看易二卷; (1. 26): 看四卷; (1. 27): 看臨觀二
卦; (2. 2): 盡看五卷; (2. 4): 看六卷.

67 식년문과에서 칠서강의 중요성에 대해서는 다음 연구를 참조.
김경용(2015), 「조선조 과거제도 시행과정의 탐색」, 『교육사학연구』 제
25집 제1호, 28~33쪽.

68 『단계일기』(1881. 8. 27): 兒兄弟赴大丘東堂試 與村友同行.

69 『단계선생문집부록』 권1 「연보」: (高宗)十八年辛巳(1881) 先生五十五歲
(…) 九月 聞壽老捷東堂解.
『단계일기』(1881. 9. 9): 祁兒初七日發大丘回 傳渠兄捷報.

70 『단계일기』(1883. 9. 24): 壽兒同權少友應天赴晋陽抄擇; (1884. 9. 24):
食后 長兒玩抄擇赴晋陽.

71 『승정원일기』(1882. 2. 24; 1882. 8. 10)

72 『논어』에 대한 심층 학습(收)은 이미 초시를 치르기 직전에 두 차례 한
바 있다.
『단계일기』(1881. 윤7. 20): 收論語; (8. 6): 再收論語.

73 『단계일기』(1881. 10. 23): 長兒逐夜繼晷過苦讀書 使之就睡.

74 『단계일기』(1881. 11. 7): 夜深后介婦又大痛聲聞於外; (11. 12): 申時 不
救慘 痛寃甚; (11. 15): 午入棺.

75 『단계일기』(1881. 12. 7): 晨受幣 夕 迎婿 擧燭行禮 夜 與其大人光遠兄講
討 夜分就寢; (12. 9): 送婿(名浩基 時年二十一 載寧人).

76 『단계일기』(1883. 11. 7): (…) 壽兒隨去 (…) [頭記] 買小屋成文 與地主

書; (11. 22): 直入村上所買小屋 見長兒讀 回; (12. 3): 夜 留兒子讀書所;
(1885. 11. 10): 夕后 與兒兄弟去宿讀書所.

77 김인섭도 문과에 급제하기 전년도(1845) 봄에 성재암에서 공부하였다.
『단계일기』(1894. 4. 18): 往在乙巳春 余讀盛才菴.
『단계선생문집부록』 권1, 「연보」: (憲宗)十一年乙巳 先生十九歲 春 讀書于
盛才菴 菴在村西洞壑幽邃䕺樊巖.

78 『단계일기』(1884. 11. 26): 長兒昨夕下 食后上去.

79 『단계일기』(1884. 10. 17): 送齋粮六升; (11. 7): 朝 送米饌書堂 製深衣;
(11. 10): 送齋饌 見兒書.

80 『단계일기』(1884. 10. 22): 夕連受兒講七書; (1885. 1. 7): 食后 遇村塾聽
兒講易經; (1. 28): 兒講書; (2. 17): 兒留讀易繫庸學未畢者.

81 『단계일기』(1885. 2. 20): 見長兒留法塾書 (···) 仲兒留西隣.

82 『단계일기』(1885. 3. 18): 得兒初十書及日記 仲(兒)不健.

83 『단계일기』(1885. 3. 19): 自丘坪崔友便 又得兒十二日書 仲尙不健 瑕慮夜
不成寐.

84 『단계일기』(1885. 3. 21): 會試開講日 遙想仲兒不健.

85 『단계일기』(1885. 4. 14): 送權少友漢濱 探兒兄弟消息去就 弟發十六 兄繼
行云.

86 『단계일기』(1885. 4. 5): 禹兪書言 兒求無觀講之意 以去念五日發程焉 士君
子揚顯名 豈在科擧也哉!

87 『단계일기』(1885. 4. 15): 申時 兒兄弟返; (1885. 4. 16): 仲兒 去三月
二十七日 還到果川邑 再痛臥旅店危遑 大賴主人囗賢(許灝性翁長子) 送觀音
蕭寺調病 兄弟好還(渠姑不入家 住栗寺).

88 진시에 대한 더 구체적인 내용은 김경용(2015), 앞의 글, 17~20쪽 참조.

89 『승정원일기』(1888. 3. 27): 以禮曹言啓曰 大小科陳試人草記許赴事 曾有
定式矣 (···) 乙酉式年文科初試入格幼學金壽老 (···) 俱爲陳試 故取考其所受
公文 則明白無疑 一竝許赴於今此式年文科覆試講經之意 敢啓 傳曰 知道.

90 『단계일기』(1887. 10. 10): 大兒上栗寺讀書 龍興許生偕去同做.

91 『단계일기』(1887. 11. 18): 柳致遠來話 旋向栗寺與兒子習講去; (11. 20):
向晚 上山寺 與致遠相見 夜分聽講.

92 『단계일기』(1887. 10. 12): 送寺粮餅·米二升·醬一器·沈菜一缸; (11.
28): 送饌山寺.

93 『단계일기』(1887. 12. 5): 祁兒持詩傳自初至五卷 上栗寺見其兄.

94 『단계일기』(1888. 1. 6): 朴戚鳴臣來與兒子拍籤講七書; (1. 19): 兒阻雪未

去書所 受講七書 通; (1. 22): 兒書所廊舍不靜撤歸 夕 講七書; (1. 30): 二
夜聽講; (2. 9): 夕 諸子來講習夜做.

95 『단계일기』(1888. 1. 15): 宗之來見 科助十金去; (2. 12): 靑山鄭友助資二
兩 食後 □壽兒赴會闈 送之尺嶺下.

96 『단계일기』(1888. 3. 26): 是日東堂會試 曉夢見兒子雲龍.

97 『고종실록』(1890. 5. 21).

98 『고종실록』(1891. 11. 11).

99 『단계일기』(1891. 8. 6): 昨年式科初試 以四月神貞王后喪 退今秋八月初六
日 試邑宜寧.

100 『단계일기』(1891. 7. 22): 辰時 兒遠赴擧京師.

101 김인섭도 1845년 문과 한성 초시에 입격하고 이듬해 3월 급제하였다.
『단계선생문집부록』 권1, 「연보」: (憲宗)十一年乙巳 先生十九歲 (…) 秋 中
文科漢城初試. 十二年丙午 先生二十歲 三月 及第出身 時同鄕計偕者十三人
而先生以童蒙獨登第.

102 『단계일기』(1890. 10. 10): 長兒 (…) 又與人讀書杜陵精舍留約 夜赴.

103 『단계일기』(1890. 11. 1): 兒伯季來 持書籍饌物 食后 往精舍; (12. 1): 季
兒生日 食后 渠兒弟往精舍.

104 『단계일기』(1891. 6. 5): 伯兒讀水淸齋.

105 『단계일기』(1891. 6. 6): 夕 入兪米饌淸齋; (6. 7): 朝 入周易十一卷淸齋.

106 『단계일기』(1891. 7. 17): 入水淸齋 受大兒周易講謙卦 通.

107 『단계일기』(1891. 7. 21): 大兒撤還; (7. 22): 辰時 兒遠赴擧京師.

108 『단계일기』(1891. 8. 16): 今日東堂試日也 京奇漠然甚鬱.

109 『단계일기』(1891. 8. 29): 得長兒京中不平奇 心神靡定.

110 『단계일기』(1891. 9. 1): 八月初五 入城 初八日午后 兒生病 至十六日.

111 『단계일기』(1891. 9. 4): 午初 兒自京下 子父兄弟往見后坪下 携輿之歸.

112 『단계일기』(1893. 9. 15): 兒自達城文科發解還(初六日乙酉入城 …).

113 『단계일기』(1894. 2. 2): 兒盡周七經五次 自朴明擧家撤來.

114 『단계일기』(1894. 2. 4): 午時 兒發行送至尺嶺上 遇雪作雨酒 三從弟及明擧
同行.

115 이에 대해서는 다음 연구를 참조.
정진영(2005), 「19~20세기 전반 한 몰락양반가의 중소지주로의 성장과
정」, 『대동문화연구』 제52집.
정진영(2008), 「19세기 중반~20세기 초반 재촌 양반지주가의 농업경
영」, 『대동문화연구』 제62집.

116 『대전후속록』,「병전」驛路: 平安·黃海道 永定館軍 元是**良民** 其子孫 **無痕咎者** 許赴文·武科·生員·進士試.

117 종래의 조선조 과거 응시 자격에 대한 논의가 갖고 있는 문제점에 대해서는 다음을 참조한다.
　김경용(2003), 『과거제도와 한국 근대교육의 재인식』 2·3장, 31~273쪽.

118 『세조실록』(1460. 8. 27): 藝文奉教鄭蘭宗 成均博士鄭自淸 校書郎趙瑞廷 等上疏曰 (…) 臣等竊謂 本朝設文武兩科以取多士 **凡應擧之人 若先世有咎 若己身犯罪 若派連庶孽 則其系雖勳庸大官 其才雖俊秀卓異 並不得應擧** 此國家所以重科擧之選 嚴嫡妾之分也 (…) **擧子錄名之法 尤當考其痕咎 辯其嫡庶 內外派系明白無疑 然後方許赴試** (…) 御書答之曰 天之生民本無貴賤 太宗已許過 今又爲功臣**永許爲良 則似無所放** 豈拘本系也 若必拘於本系 則今反逆爲奴者 亦可追論本系矣 此甚不通之說 吾不取也 予無私而明大義耳.

119 『세조실록』(1466. 윤3. 11): 傳旨吏兵曹曰 用人宜廣 不拘世累 亂臣緣坐外 **本身無咎者 毋得防之**.

120 『중종실록』(1537. 8. 2): 諫院啓曰 (…) 凡科擧之時 四館錄名 非但記錄姓名而已 必考**內外及己身痕咎有無而赴許** 例也.

121 『광해군일기』(정족산본)(1614. 7. 16): 司憲府啓曰 (…) 旣爲**平民 則科擧仕路無所不通**.

122 『광해군일기』(정족산본)(1614. 7. 16): 備邊司回啓曰 (…) **遂許從良 其於科擧仕路無所不通**.

123 『과시등록』제1책(1647. 6. 28): 臣謂先令各邑守令 毋論校生·院生·閑遊士子 限年四十以下 **兩班子枝** 則能通大·小學·通宋鑑以上 **凡民** 則能通四書·小學及詩·賦·論·疑成篇以上 仍爲校籍 (…) 且校籍 守令親執考錄爲三件 一送禮曹 一送監營 一置本官 (…) 監司巡到 時時考講製述 如有無才而仍在校籍者 罪其守令及齋任 **凡赴擧士子 名在校籍者**.

124 『우서』권2,「論學校選補之制」: **良人子 國家本許就科矣**.
　『우서』권9,「論士庶名分」: 良人自是天民也 苟有才德 則大而卿相 小而百執事 皆其職也 (…) 良人 雖無官職 **自是無拘無係無痕無咎之平人** (…) 所謂**良人 卽指公卿以下子孫及平民而言也** 士族未嘗以官職自高 良人未嘗以草莽自歉 時來則做官職 不然則安其分 小無高下優劣凌駕之弊.

125 『효종실록』(1655. 2. 18): 上下教曰 設此推刷都監 欲爲修擧百餘年未行之事也 其間必**多隱漏投良者** (…) 而第念**累世落漏之中 或有登科司馬者** 則本朝自古重待文武兩科 而登科之人亦莫不以此自大 忽於一朝還屬賤籍 則不亦矜

惻乎 (…) 寧失國家公賤 而不忍使吾民有流離愁歎之苦也 其令都監 自其**祖父
或登科生·進** 而其子與孫仍以冒良者 則特用曠蕩之典 仍許爲良 自其**父始登
科與生·進** 而其子仍以冒良者 及或其父與祖雖隱漏**冒良而未及登科 其孫方
始出身及生·進者** 則並許令代贖 女子皆視男子 其外勿論如法 雖**三代以上登
科者** 必自首而後 如右施行 若不自首 或因陳告推覈而見發 則並勿論還屬賤
籍 以肅國綱.

126 『전율통보』 「刑典」 贖良: ○公賤其祖與父出身·生·進 而其子孫冒良者 仍許
爲良 其父出身·生·進 而其子冒良者 及其父祖雖未登科而隱漏冒良 其孫爲
出身·生·進者 並代贖(女子同 ○雖三代以上登科者 自首後如右論 陳告現出
者 勿論).

127 김경용(2003), 앞의 책, 260~261쪽.

128 『춘관통고』: 명종 13년 戊午(1558) 行別試殿試 (…) 時有老微弱公私賤並
參之語 愼希復 年過六十 老也 柳祖詢 門地不顯 微也 尹根壽 年二十二 弱也
姜文佑 新良人 賤也.

129 『선조수정실록』(1575. 5. 11): 贈故處士徐敬德爲議政府右議政 敬德開城人
(…) 一日**門生姜文佑**來謁 敬德坐于花潭上 (…).
『광해군일기』(1610. 10. 30): 右議政沈喜壽以爲 **臣少從故校理姜文佑習句
讀** 文佑常歎服其師花潭徐敬德之道德學問曰 (…).

130 반석평, 양극선, 이만강에 대해서는 다음 연구를 참조.
유진성(2014), 「조선시대 천민의 수학사례 연구」, 한국교원대학교 석사
학위논문, 11~26쪽.

131 고은경(2021), 「조선시대 소수성관 출신 문과급제자 연구」, 한국교원대
학교 석사학위논문.

132 한영우(2013), 『과거, 출세의 사다리 4』, 지식산업사, 356쪽, 392~397
쪽, 426쪽.

133 한영우(2013), 『과거, 출세의 사다리 1』, 지식산업사, 13~15쪽.

134 이성무(1994), 「한국의 과거제도(개정증보판)」, 집문당, 137쪽, 202쪽.
이성무(2010), 「조선 교육제도의 정돈과 과거제의 새 모습」, 『한국사시
민강좌 46』, 94~96쪽.

135 민현구(2010), 「과거제는 한국사에 어떤 유산을 남겼나」, 『한국사시민강
좌 46』, 177쪽.

136 윤건차(1982), 『朝鮮近朝敎育の思想と運動』, 東京大學出版會. 심성보(역)
(1987), 『한국근대교육의 사상과 운동』, 靑史, 21쪽.

137 이만규(1947), 『조선교육사 Ⅰ』, 1991, 기획출판 거름, 171쪽, 187쪽.

138 오천석(1964), 『한국신교육사 上』, 1975, 광명출판사, 26~30쪽.

139 明宗宣祖初年は李朝極盛時代であつて文化其頂點に達下のである. 然るに當
時に在りて既に鄕校の敎育は有名無實となつた. (…) 然し其後朝鮮の各
地に書院簇起して殆ど鄕として書院あらさるはなきに至つたが其等は附近
儒生達の集會して時政の得失を橫議し此に享祀する所謂先賢を祭る外には
敎育上殆ど貢獻する所がなかつた. されば李朝盛代に至りて既に鄕庠卽寺
小屋と太學との中間機關たる鄕校は有名無實其の機能を失つたが同基址內
に健てられたる文廟の祭祀は依然朔望の焚香春秋の釋奠とは盛大に行はれ
單に儀式の機關として其の傳習を維持した.
高橋亨(1920), 『朝鮮の敎育制度略史』, 朝鮮總督府學務局(『日本植民地敎育
政策史料集成(朝鮮篇), 第26卷』에 수록), 19~20쪽.

140 李朝の鄕校なるものが宣祖以前に既に敎育の實を失つたことが判かる. (…)
儒生は悉く鄕校を去つて書院に歸したが, 講學修道を務むるものなくして遊
食橫議の徒と化し, 中央政界の朋黨と表裏して朝政を誹議し, 甚しきは書院
を根據として庶民を苦めるなど其の弊害百出するに至つた.
小田省吾(1924), 「朝鮮敎育制度史」, 『朝鮮史講座, 分類史』, 朝鮮史學會(『日
本植民地敎育政策史料集成(朝鮮篇), 第26卷』에 수록), 46~48쪽.

141 一時は各地方洽く普及し隆盛に赴きたるものの如きも, 壬辰亂後屢屢兵亂
を經て遂に鄕校は荒廢を極むるに至り, (…) 李朝中世以後に在りては愈愈
敎育機關としての機能を失ふに至りしが唯文廟の祭祀のみは盛に行はれた.
(…) 要之書院の特色は之を充分認め得るけれども弊害として吾吾が考えな
ければならぬ點は, 一, 書院は遂に鄕校よりも隆昌となり, 鄕校の儒生も書
院に走り, 多數集り而も適當の指導者なき爲め講學修道を爲さず, 群居遊談
餔啜を事とする者多くなりしこと.
高橋濱吉(1927), 『朝鮮敎育史考』, 京城: 帝國地方行政學會 朝鮮本部(『日本
植民地敎育政策史料集成(朝鮮篇), 第27卷』에 수록), 66쪽, 83쪽.

142 한영우(2014), 『과거, 출세의 사다리 1』, 지식산업사, 3쪽, 6쪽.

143 김경용(2017), 「〈부록〉 합리적 차등주의와 교육 및 시험제도에 대한 구
미 지식인들의 인식」, 『계몽사상가들의 눈에 비친 유교문명』, (주)박영
story, 163~192쪽.

144 Article IV. (…) Tous les citoyens, étant égaux à ses yeux, sont
également admissibles à toutes dignités, places et emplois publics,
selon leurs capacités et sans autre distinction que celle de leurs
vertus et de leurs talents(Déclaration des droits de l'homme et du

citoyen, 1789).

145 Greaney, V. & Kellaghan, T.(1996), The integrity of public examination in developing countries, in Harvey Goldstein & Toby Lewis(eds.), *Assessment: Problems, developments and statistical issues*, Chichester: John Wiley & Sons, Ltd, pp. 167~188.

Husén, Torsten(1974), *Talent, equality and meritocracy: availability and utilization of talent*, The Hague: Martinus Nijhoff.

Sutherland, Gillian(1984), *Ability, merit and measurement: mental testing and English education 1880~1940*, Oxford: Clarendon Press.

146 Young, M.(1958), *The rise of the meritocracy, 1870~2033*, Thames & Hudson(reprinted in 1962 Harmondsworth: Penguin Books Ltd.), p. 21, footnote 1.

147 Ibid., p. 22.

148 Tocqueville, A.(1954), *Democracy in America*, Vol. I , tr. by Henry Reeve, New York: Vintage Books, pp. 6~7.

149 Ibid., pp. 186~187.

150 Greaney, V. & Kellaghan, T.(1996), "The integrity of public examination in developing countries", in Harvey Goldstein & Toby Lewis(eds.), *Assessment: Problems, developments and statistical issues*, Chichester: John Wiley & Sons, Ltd., pp. 167~168.

151 United States Civil Service Commission(1941), *History of the Federal Civil Service 1789 To the Present*, Washington: U. S. Government Printing Office.

152 Hudson, G. F.(1961), *Europe & China, A survey of their relations from the earliest times to 1800*, Boston: Beacon Press, p. 328.

153 한영우(2013), 『과거, 출세의 사다리 1』, 지식산업사, 24쪽.

시험의 나라, 조선

1판 1쇄 발행 2023년 8월 23일

지은이·김경용
펴낸이·주연선

(주)은행나무
04035 서울특별시 마포구 양화로11길 54
전화·02)3143-0651~3 | 팩스·02)3143-0654
신고번호·제1997-000168호(1997. 12. 12)
www.ehbook.co.kr
ehbook@ehbook.co.kr

ISBN 979-11-6737-341-0 (93910)